本书由
中央高校建设世界一流大学（学科）
和特色发展引导专项资金
资助

中南财经政法大学“双一流”建设文库

创｜新｜治｜理｜系｜列｜

中国知识产权立法研究

何　鹏　著

长江出版传媒
湖北人民出版社

图书在版编目(CIP)数据

中国知识产权立法研究 / 何鹏著.
武汉：湖北人民出版社, 2019.12
ISBN 978-7-216-09827-4
Ⅰ. 中… Ⅱ. 何… Ⅲ. 知识产权法—立法—研究—中国 Ⅳ. D923.404
中国版本图书馆CIP数据核字(2020)第018732号

责任编辑：陈 兰
封面设计：陈宇琰
　　　　　张 弦
责任校对：范承勇
责任印制：肖迎军

中国知识产权立法研究
ZHONGGUO ZHISHI CHANQUAN LIFA YANJIU　何鹏 著

出版发行:湖北人民出版社　**地址:**武汉市雄楚大道268号
印刷:武汉科源印刷设计有限公司　**邮编:**430070
开本:787毫米×1092毫米 1/16　**印张:**11.5
字数:191千字　**插页:**2
版次:2019年12月第1版　**印次:**2019年12月第1次印刷
书号:ISBN 978-7-216-09827-4　**定价:**49.00元

本社网址：http://www.hbpp.com.cn
本社旗舰店：http://hbrmcbs.tmall.com
读者服务部电话：027-87679656
投诉举报电话：027-87679757
（图书如出现印装质量问题，由本社负责调换）

总　序

“中南财经政法大学‘双一流’建设文库”是中南财经政法大学组织出版的系列学术图书，是学校“双一流”建设的特色项目和重要学术成果的展现。

中南财经政法大学源起于1948年以邓小平为第一书记的中共中央中原局在挺进中原、解放全中国的革命烽烟中创建的中原大学。1953年，以中原大学财经学院、政法学院为基础，荟萃中南地区多所高等院校的财经、政法系科与学术精英，成立中南财经学院和中南政法学院。之后学校历经湖北大学、湖北财经专科学校、湖北财经学院、复建中南政法学院、中南财经大学的发展时期。2000年5月26日，同根同源的中南财经大学与中南政法学院合并组建“中南财经政法大学”，成为一所财经、政法“强强联合”的人文社科类高校。2005年，学校入选国家“211工程”重点建设高校；2011年，学校入选国家“985工程优势学科创新平台”项目重点建设高校；2017年，学校入选世界一流大学和一流学科（简称“双一流”）建设高校。70年来，中南财经政法大学与新中国同呼吸、共命运，奋勇投身于中华民族从自强独立走向民主富强的复兴征程，参与缔造了新中国高等财经、政法教育从创立到繁荣的学科历史。

“板凳要坐十年冷，文章不写一句空。”作为一所传承红色基因的人文社科大学，中南财经政法大学将范文澜和潘梓年等前贤们坚守的马克思主义革命学风和严谨务实的学术品格内化为学术文化基因。学校继承优良学术传统，深入推进师德师风建设，改革完善人才引育机制，营造风清气正的学术氛围，为人才辈出提供良好的学术环境。入选“双一流”建设高校，是党和国家对学校70年办学历史、办学成就和办学特色的充分认可。“中南大”人不忘初心、牢记使命，以立德树人为根本，以“中国特色、世界一流”为核心，坚持内涵发展，“双一流”建设取得显著进步：学科体系不断健全，人才体系初步成型，师资队伍不断壮大，研究水平和创新能力不断提高，现代大学治理体系不断完善，国际交流合作优化升级，综合实力和核心竞争力显著提升，为在2048年建校百年时，实现主干学科跻身世界一流学科行列的发展愿景打下了坚实根基。

习近平总书记指出：“当代中国正经历着我国历史上最为广泛而深刻的社会变革，也正在进行着人类历史上最为宏大而独特的实践创新。……这是一个需要理论而且一定能够产生理论的时代，这是一个需要思想而且一定能够产生思想的时代。”①坚持和发展中国特色社会主义，统筹推进“五位一体”总体布局和协调推进“四个全面”战略布局，实现“两个一百年”奋斗目标、实现中华民族伟大复兴的中国梦，需要构建中国特色哲学社会科学体系。市场经济就是法治经济，法学和经济学是哲学社会科学的重要支撑学科，是新时代构建中国特色哲学社会科学体系的着力点、着重点。法学与经济学交叉融合成为哲学社会科学创新发展的重要动力，也为塑造中国学术自主性提供了重大机遇。学校坚持财经政法融通的办学定位和学科学术发展战略，“双一流”建设以来，以“法与经济学科群”为引领，以构建中国特色法学和经济学学科、学术、话语体系为己任，立足新时代中国特色社会主义伟大实践，发掘中国传统经济思想、法律文化智慧，提炼中国经济发展与法治实践经验，推动马克思主义法学和经济学中国化、现代化、国际化，产出了一批高质量的研究成果，“中南财经政法大学‘双一流’建设文库”即为其中部分学术成果的展现。

文库首批遴选、出版两百余册专著，以区域发展、长江经济带、“一带一路”、创新治理、中国经济发展、贸易冲突、全球治理、数字经济、文化传承、生态文明等十个主题系列呈现，通过问题导向、概念共享，探寻中华文明生生不息的内在复杂性与合理性，阐释新时代中国经济、法治成就与自信，展望人类命运共同体构建过程中所呈现的新生态体系，为解决全球经济、法治问题提供创新性思路和方案，进一步促进财经政法融合发展、范式更新。本文库的著者有德高望重的学科开拓者、奠基人，有风华正茂的学术带头人和领军人物，亦有崭露头角的青年一代，老中青学者秉持家国情怀，述学立论、建言献策，彰显“中南大”经世济民的学术底蕴和薪火相传的人才体系。放眼未来、走向世界，我们正以习近平新时代中国特色社会主义思想为指导，砥砺前行，凝心聚力推进“双一流”加快建设、特色建设、高质量建设，开创“中南学派”，以中国理论、中国实践引领法学和经济学研究的国际前沿，为世界经济发展、法治建设做出卓越贡献。为此，我们将积极回应社会发展出现的新问题、新趋势，不断推出新的主题系列，以增强文库的开放性和丰富性。

“中南财经政法大学‘双一流’建设文库”的出版工作是一个系统工程，它的推进得到相关学院和出版单位的鼎力支持，学者们精益求精、数易其稿，付出极大辛劳。在此，我们向所有作者以及参与编纂出版工作的同志们致以诚挚的谢意！

因时间所囿，不妥之处还恳请广大读者和同行包涵、指正！

中南财经政法大学校长

---

① 习近平：《在哲学社会科学工作座谈会上的讲话》，2016 年 5 月 17 日。

前　言

相比其他部门法学而言，知识产权法学研究常涉及法学研究的最前沿，它研究的是人类的智力成果应用于社会时所伴随的法律问题。知识产权立法也呈现与其他部门法立法不同的特点：知识产权立法的目的与国际政治、经济、贸易紧密联系，立法内容或者说立法所涉及的产品是新颖的智慧产品、科技成果及其利益保护，知识产权立法的参与群体具有精英化、专门化的结构，立法效果具有前瞻性和引领性等特点。分析我国知识产权立法现状，可以从理论上弥补我国部门法学和理论法学对此类研究的不足，也对改进我国立法程序设计有重要的参考价值。

本书是对知识产权法立法问题的研究，试图以公众参与立法理论为切入点探讨我国知识产权立法的现状与理论问题。从立法现状开始，搜集资料、分析问题、解释问题、建构解决问题的模型。首先对我国知识产权立法的主要主体和立法过程进行分析，继而探讨立法现实背后的立法理论，寻找对立法现实合适的理论解释，梳理功利主义、目的法学和利益法学等理论的发展，分析实用主义在知识产权立法领域的表现。通过不同的法学流派、法学理论逐步深入解释我国知识产权立法史的变迁，突出我国知识产权立法目的转变的时代背景、政策需要和具体表现。通过运用博弈论要素分析我国知识产权立法的参与者、策略、信息和支付，可以清晰展现立法参与者（立法主体和其他参与者等）的不同策略以及各自在立法活动中的损益。通过博弈论分析也可以解释在社会多元分层结构下，我国社会中下层参与知识产权立法的目的不强、动力不足的现实性，以及社会上层主导知识产权立法的实用主义态度。本书的最终结论是：应当引入公众参与理论建构开放式的知识产权立法策略，从宏观战略层面到立法决策的操作层面两方面改进传统的单一立法模式，建立混合型、可逆的协商互动的立法模式。我国近年来的司法改革体现了通过司法促进参与式立法的趋势，也是开放式立法策略的一种表现。

目　录

第一章
导论

立法学中的一个理论难题是如何理解大众参与立法与精英主导立法之间的张力，而在知识产权立法领域，这一张力表现得更为明显。由于知识产权法是有关人类智力成果的法，它的内容更具有时代性、新颖性、科技性，也更多倚赖专家。在知识产权这样特别专业化的立法领域，公众如何参与知识产权立法是本书希望探讨的主要问题。为了更直观地理解这个问题，可以以思维导图的方式对这个问题进行初步解题，见图 1-1。

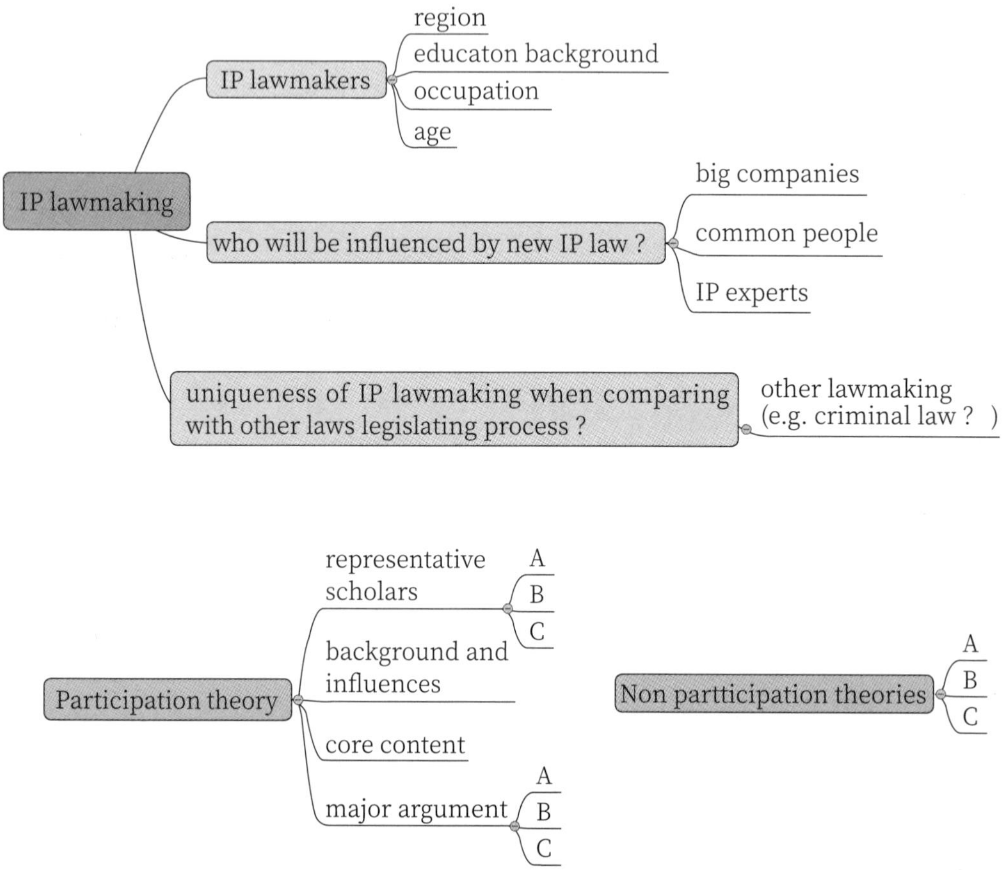

图 1-1 初步解题

从这张思维导图可见，“公众如何参与知识产权立法”这一问题的突破点在于找出参与理论（Participation Theory，后文简称 PT）和知识产权立法（Intellectual Property Lawmaking，后文简称 IPL）这二者之间的连接点：它们之间是否可以连接、如何连接。根据初步解题，本书是关于两种事物之间的关系的研究，即参与理论（PT）与知识产权立法（IPL）关系的研究，在这样的理解下，又分为它们是并列、从属、因果、影响等关系的研究。

显然，参与理论（PT）与知识产权立法（IPL）不是并列、从属或因果关系。它们从属于不同范畴（因此不是并列和从属关系），也不是相互之间产生和发展的动力或起因（因此不是因果关系研究），本书是对二者之间可能的影响关系（influence and impact）的研究。之所以是“可能的”，是因为参与理论（PT）是一种关于“参与”或“不参与”的理论，而知识产权立法（IPL）是对一种实践活动的描述（具体而言是关于知识产权的立法实践）。理论对实践的影响是对多种可能性的预测和判断，探讨理论对实践的影响并非给出唯一确定的结论，也并非提供完全符合一种对现状事实的描述。

于是，对于“公众如何参与知识产权立法”这一问题的解决思路就在于阐明参与理论（PT），清晰描述知识产权立法（IPL）过程，并找出 PT 这一理论和 IPL 这一实践过程中的连接点。具体而言，本书要证明的是：(1) 参与理论(PT)是否可以应用于知识产权立法（IPL）中，即可行性研究；(2) 参与理论（PT）在应用于知识产权立法（IPL）中可能遇见的困难，即困境研究；(3) 参与理论（PT）在此困境下如何突破，即实践可能性和指引力研究。

从参与理论（PT）这一核心衍伸出去，将要讨论该理论的历史背景、核心内容和主要观点、代表理论和作者，以及相反的理论（非参与理论）与它的对比。从知识产权立法（IPL）这一核心出发，将要研究的内容包括：相关立法者（他们的年龄、职业、教育背景、文化信仰等方面）的类型学报告、真正影响力和决策力的分析报告（大公司及其雇佣的专业人员、知识精英尤其是知识产权法专业学者、普通立法者和普通公民等的分类研究）、关于知识产权立法过程的研究（法律出现、形成和推动、成形和运作、法律的废止）。

从上述包含的内容上看，本书无疑是一种宏观叙事，它将遭遇细节处理上的难题：知识产权立法包括国际立法（知识产权国际公约）、国内立法两大领域，包括其他部门法中的相关条款（如《民法通则》《刑法》《合同法》中的相关内容）和专门的知识产权法（如《著作权法》《商标法》《专利法》等），还包括行政法、司法解释等——如果不区别对待，可能产生常识上的错误或混淆；但如果分门别类探讨，将难以对本题宏观上的假设进行论证。

本书是原创性研究，在知识产权理论、立法理论和法理学等学科内均未有类似研究。立法学鲜有对具体部门法的立法活动的详细考察。知识产权法学很少从法理角度讨论立法过程对于知识产权体制形成的影响和作用。

本书的独特性体现在将法理学的命题式研究带入中国现实分析，实证地看待知识产权立法过程，剖析多种立法主体“参与”知识产权立法的现实表现与理想架构，以知识产权立法实践突出“精英式立法”与“民主立法”的不同表现形式，试图分析和解释体现在知识产权法立法领域的这一组矛盾是否是“真问题”(例如本书将呈现出:知识产权立法特别倚赖精英,但立法应当是民主活动,因此应当用协商立法的方式调和这组矛盾)。

本书希望研究知识产权立法背后的博弈过程。知识产品与有形财产不同，它并不是有限、枯竭的，而是可以被不断创造的。那么，在普通博弈理论中所建立的模型是否还是有效的解释？经济学上所标榜的激励作用在本领域是否依旧有效？是否应当为普通民众（甚至底层民众，俗称“草根”）在精英型法律代表的知识产权法中配置话语权？即便是在精英立法模型内部，专家立法和代表机关立法之间是否没有本质差别？制定规则的人——“决策者”和“立法者”到底是同一概念，还是分属不同集合？如果政策的决定者是“大 boss”，而法律文本的起草者从一个层面上说是实现决策的技术工人，从这个意义上，“立法者”到底是指哪类人的行为和影响？知识产权法的目标主体又是哪些？[①]参与或协商理论（PT）的困境在知识产权立法（IPL）领域表现得特别突出，是否从侧面证明了这一事实：在某些法律领域，公众参与专业性立法这二者之间的矛盾无法调和？换句话说，立法是否从来都是精英们考虑的事情，尤其是在知识产权领域体。假如精英立法才是客观现实并且是合理存在，这是否就预示着参与理论（PT）本身的局限？在现实条件下，如何修正协商立法理论？

从以上这些问题可见，本书试图研究知识产权立法的深层结构，不仅仅是研究表面的立法现象，更希望揭示背后的权力运作背景，论证动态立法的生命力。

本书的研究对象和范围是知识产权立法（IPL），而力图揭示、解释和分析的是参与理论或协商立法理论（PT）的实践可行性。本书分别从现状描述、现有理论分析、困境探讨、新理论引入、可行性和实践性分析等不同层面展开，描述我国知识产权立法现状，从法理学视角对知识产权立法的基础理论进行介

① 知识产权法的目标利益主体可以假设是少数大公司，或者众多小公司以及“散户”（分散的个体）。如果是少数大公司控制着知识产品的产生、应用等过程，那么知识产权法的目标主体也相应地应当以这些大公司为主。类似的论述可参看［美］艾利希·弗洛姆：《健全的社会》，上海译文出版社 2011 年版，第 84 ～ 85 页。关于“现代公司和财产”部分的论述：小公司受大公司的影响多；大公司的利益也成了小公司的利益，大公司控制着工业生产。

绍，论证参与理论（PT）在我国实用主义立法观念和现实中面临的困境，从知识产权立法博弈解释公民有限参与知识产权立法的原因，结论是为突破参与困境应当构建知识产权开放式立法策略。

除以上对主题、内容和结构的介绍之外，导言以下部分将着重说明两个问题：参与理论（PT）是什么，它如何与知识产权立法（IPL）相结合。

第一，参与理论（PT）是什么，（PT）中的公众如何定义，知识产权立法中的技术和价值问题。

参与理论（PT）是指“公众参与理论”，它是立法学、管理学、政策决策科学中重要而新兴的课题，也是目前研究成果较少但又值得学界深入探讨的课题。它的基本论题围绕在公众参与（citizen participation，又译为 public involvement），是指公民能够在公共决策中直接发言，产生影响，成为决策过程的组成部分。

最初，PT（participatory theory，“参与理论”）在认识论中指的是一种沟通“主客体之间分别”（the subject-object distinction）的理论框架。认识论上的“参与”的内核在于，根据我们对人与人之间、精神现象之间的理解，将主体自我的（内在的）经验转化为参与活动。[①] 在这一认识论中，“意义”（meaning）是通过人的意识（mind）“参与”客观世界这一过程产生的。因此，意义既不是“纯客观的”也不是“纯主观的”；它既不是现代实证主义者认为的那样，单纯存在于外部客观世界，被动地等待人们去发现，也不是后现代构成主义者（constructivists）认为的那样，仅仅是人们主观世界对于外部（本无意义的）世界的建构。[②] 而政治学中“公民的参与”（citizen participation）则特指这样一种过程：为私人提供影响公共决策的机会，以及成为民主决策制定过程的组成部分。例如，Stoker（1997）对政治参与的定义为：公众“参与制定、通过和实施公共政策的过程”。这是一种较宽泛的定义，它涵盖了政策的制定、通过和实施三个阶段。本书主要讨论的是公民参与创制法律这一过程，相较于 Stoker 的定义范围较小。

---

① 参看 Jorge N. Ferrer and Richard Tarnas，Revisioning Transpersonal Theory：A Participatory Vision of Human Spirituality，State University of New York Press，2001，p.2.

② 摘录自 Richard Tarnas，The Passion of the Western Mind：Understanding the Ideas that HaveShaped Our World View，New York：Random House，1991，Epilogue.http：//www.gaiamind.org/Tarnas.html，最后访问于 2018 年 10 月 2 日。

早在19世纪，英国法学家边沁就有关于立法问题的系统论述《立法理论》（*The Theory of Legislation*，Bentham，1864）。一百多年前，弗洛依德的《法律与立法科学》（*The Science of Law and Lawmaking*，Floyd，1898）也是对立法科学进行介绍的早期作品。在以边沁为代表的早期的立法科学中，功利主义的立法原则和立法目的（立法和法律的目的是为了促进最大多数人的最大幸福）得到全面而深入的探讨。但功利主义立法原则侧重于解释立法的目标是为了公众福利，而并非自然而然地能够推导出“公众参与立法”这一实质上并不完全相同的命题：前者是立法的目的论，后者是立法的动力论。20世纪80年代，哈耶克所代表的自由主义理论进入中国法学家的研究视野，他的代表作《法律、立法与自由》（*Law, Legislation and Liberty*，Hayek，1982）也成为研究立法的学者的重要参考资料。哈耶克强调社会习俗的重要性，强调自然生成的规则，对国家制定法和人为建构的规则持谨慎批评态度。从边沁到哈耶克，西方学者对于立法的目的有了根本转变，立法问题从“建构的理性”向“自生自发的秩序”转变。自生自发的秩序，实际上隐含了一个“公众立法”的命题，但是在哈耶克的自由主义理论中，“公众立法”问题更多是指习俗所体现的多数人的习惯，既不强调“多数人意志”，更与“主动”“非自然地”“刻意”“有较强目的性”的立法无关。而后面这种立法，才是现代社会常见的立法形式。因此，哈耶克的理论也未指向本书所指的公众参与立法。

当代西方国家的法理学，尤其是英美国家的法理学中，学者普遍将“立法问题”视为法理学的新领域。英国的法学家Jeremy Waldron教授就在他的代表作《立法的尊严》（*The Dignity of Legislation*，Waldron，1999）中指出，立法问题以前被归于政治学范畴，因此法学家普遍忽略了立法研究。他指出重塑“立法的尊严”，就是要区分政治学意义上的立法和法学意义上的法的创制过程。政治学中，立法问题是一个政治力量博弈的问题。而在法学中，立法的尊严体现在人们选择一种三读和多数人表决投票的程序，确立自己将要遵循的规则。比利时Luc J. Wintgens教授在其代表作《立法法理学》（*Legisprudence*，Wintgens，2002）一书中，解释了为什么英美国家的法理学中忽视了立法研究，而为什么立法研究是重要而新兴的课题。他指出英美国家的法律体系注重法律的运用（the application of law），强调法官和法院在法律中的核心地位，相应地忽视了法律的创制程序和过程的重要意义。

在其最新的立法研究中，他指出当前的立法趋势尤其是关于法律的正当性问题，对深入研究立法问题有着至关重要的价值，而立法的正当性（legitimacy）和公众参与理论有着紧密联系（Wintgens，2007）。参与理论 PT 之所以被认为是新的立法理论，是因为它给出了对现代国家立法正当性的新的证成路径。

关于参与理论 PT 中的“公众”的定义，有学者将公众界定为立法主体以外的一般利益主体（公众个人和利益集团）。[①] 这一界定虽然简明清晰，但还不甚准确。公众可以包括一般人、利益集团、专家、政治团体以及其他组织等类型，但“公众”在不同语境下是否是同一内涵呢？不同类型的公众有不同的组织结构和政治倾向，有的具有较高的组织性代表性，但并不代表大多数公众的利益。还有数量庞大而松散的个人、企业，虽然并没有形成较高的组织结构，它们也应当属于公众的范畴。因此，本书根据公众的不同类型讨论公众参与的问题，除了正式立法活动中的立法者之外的其他人都被纳入“公众”的范畴。在本书中，影响知识产权立法的相关利益人和组织，学者、法官等群体，公民个人等都在讨论范围之内，但根据本书各章节任务的不同在不同章节进行分类讨论。例如在第三章比较中美知识产权立法参与者时，侧重于识别一个政策所影响的相关利益人：谁将为新政策买单或者谁将获益。“公众参与知识产权立法”在该章侧重于强调取得利益相关人（尤其是相关企业、商贸组织、行业协会等）的共识和互信，识别公众的共识和共同价值。在第四章用博弈论讨论知识产权立法参与主体时，则选取立法者、法官群体和学者群体分析不同的博弈策略，公众参与知识产权立法在该章指的是学者和法官群体如何影响正式层面的立法。另外，在讨论不同层面的决策过程，公众参与是依据“技术或管理层面的决策”（technocratic decision making）和“民主决策”（democratic decision making）的不同层面进行分析。在技术或管理层面，专家的意见应当受到尊重。在这一层面上，专家成为决策的主体。[②] 但在民主决策或者普通决策层面，公众就是指一般大众。

知识产权立法决策除了价值无涉的技术性决策之外，还有仅仅是对应用和

---

① 例如黄信瑜、胡建：《我国台湾地区公众在参与立法活动中的角色》，《行政法研究》2012 年第 4 期，第 101 ～ 114 页。

② 参看 DeSario and Langton，Citizen Participation in Public Decision Making，New York：Greenwood Press，1987，p.7.

推广科学事务的技术性决策，与重要的规范性、社会性事务的解决相关的价值决策，以及混合了技术和价值因素的决策。对于第一类型的决策，技术性决策所考虑的问题是潜在的“是什么”的问题。而与规范性、社会性事务相关的价值决策则涉及关于“应当是什么”的问题。虽然技术可以为价值型决策提供某种指导，但很少能够成为其决定性因素。[①] 例如，自然资源管理的决策常常影响社会价值，但纯技术方法很难成功解决社会问题，因为社会问题本身的复杂性、冲突矛盾性和不确定性。专家面对的问题是，关于社会问题的决策常常是“混合性”的，它既包括技术决策又包括价值判断。也因为技术性决策不能解决社会性问题，即技术性决策的有限性，人们对技术和专家常常报以怀疑和批评的态度，更希望普通公民更多地参与到决策过程中。与技术性决策相对应的“民主决策”突出强调这一理念：一项决策所影响的人应当有权参与该决策的制定过程中。参与既可以是直接参与，也可以是委托代理人进行意见表达。有学者倾向于认为，评估一项民主决策的标准应当是该政策制定过程对公众的开放程度，以及被该政策影响的公众对该决策的回应程度，而不仅是决策的效率或合理性。

知识产权立法本身的双重特性体现在它要求该领域的立法者同时具有“科学技术决策”的专业知识和制定法律的专业知识，也就是混合了技术和价值因素的双重决策。与其他法律部门不同，知识产权立法是唯一以科学技术、新思想、创造等元素为内容和对象的法律创制活动。其他的法律部门主要针对的是生活领域内的人们的各类行为，例如缔结婚姻（婚姻法）、签订合同（合同法）、对抗和以法律手段报复他人的暴力行为（刑法）等。针对这类行为或社会活动制定的法律，立法者具有朴素的社会生活与交往的常识也能胜任。知识产权立法则需要有专业科学知识和文化背景的专业人士，他们要么直接成为该领域的立法者，要么成为帮助立法者的重要和必要的咨询专家。

另外，在知识产权立法领域，技术问题和价值判断问题混合在一起：一项技术标准、发明专利、著作权的保护期限、知识产品公共领域的界定，本身就是在向公众进行价值说明：什么是法律上认定的发明，为什么法律要保护创造，在何种程度、以何种方式、在何种范围内法律对人们创新的事物保护，为什么

① 参看 DeSario and Langton，Citizen Participation in Public Decision Making，New York：Greenwood Press，1987，p.8.

法律又规定对某些思想领域的产品不进行干预和保护。识别和鉴定一项思想性的成果以及它对于社会生活的意义，这本身是一件较高要求的智力活动，在此基础之上再创设法律规范形成激励和压抑机制，不仅要求有立法的技巧，同时要求有对科技产品及其在社会范围内合理和良好适用的深刻理解。知识产权的命脉就是如何把知识产权和科技联系起来，转变为社会财富，以及人的生存和生活方式的变化。知识产权是由技术和产业催生出来，并与科技革命密切相关的一门学科。[①] 从这一角度说，知识产权领域比其他法律部门对精英立法、专家立法的要求更多、更迫切。

第二，参与理论（PT）如何与知识产权立法（IPL）相结合。

在本书第三、四章将借助利益衡量理论、社会分层理论、（耶林）目的法学、（黑克）利益法学、（边沁）功利主义、美国实用主义、法经济分析、博弈论等理论对知识产权立法问题进行分析。本书将选择“博弈论”作为参与理论（PT）与知识产权立法（IPL）结合的连接点，观察和解释知识产权立法（IPL）领域的博弈，阐释参与理论 PT 在知识产权立法（IPL）中的实践（以及困境）。

在理解这些理论之前，“公民赋权阶梯”和“利益相关人的权力矩阵”这两个模型是理解本书关于“立法博弈”的前置性理论。公民参与理论的渊源早在古代希腊市民政治文化中就有所体现，在现代社会最明显的实践表现在 1960 年代，美国政府致力于设计促进外部参与的政府程序，当时的美国总统林登·约翰逊（Lyndon B. Johnson）通过推行“大社会计划”（Great Society program）将公民参与体制化。[②] 阿恩斯腾（Arnstein，1969）在其关于公众参与理论的开创性研究中，提出了参与的不同阶段理论：从管理公民，到与公民协商，到公民参与阶段，形成了“阿恩斯腾参与阶梯”（图 1-2）。

① 马一德：《中国知识产权立法进程的几个问题》，中国知识产权研究网，http：//www.iprcn.com/il_xsjt_show.aspx？news_pi=6066，2018 年 9 月 3 日最后访问。

② 参看 Cogan，A.，Sharpe，S.，Hertzberg，J.，Citizen Participation. In So，F. S.，Hand，I. Madowell，B. D.（Eds.），The Practice of State and Regional Planning. Municipal Management Series，Chicago：American Planning Association，1986.

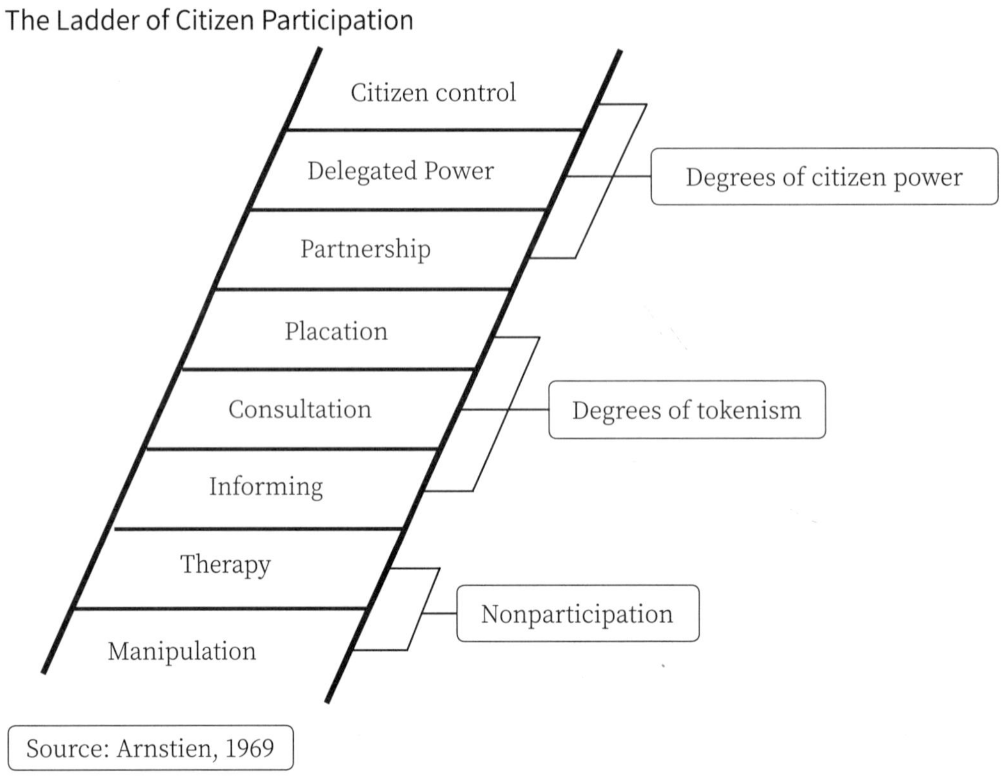

图 1-2　参与阶梯（Arnstein，1969）

在阿恩斯腾参与阶梯中，公民在第一、二阶段并未参与公共政策的决策程序，而是被管理的对象，在第三、四、五阶段，开始形式上参与公共政策，而在第六、七、八阶段实质上参与公共政策。因此，在阿恩斯腾参与阶梯中，公众参与指的是公众合作、赋权和控制公共政策的阶段。20 世纪 90 年代早期，公众参与理论就引起学界的广泛关注。20 世纪 90 年代，伯恩斯（Burns，1994）发展了“阿恩斯腾参与阶梯”理论，提出了“公民赋权阶梯”理论，如图 1-3[①]。

① 对于 Burns 这一赋权阶梯，Wilcox（1999）进一步指出公民参与的五个必要内容，包括信息、咨询、共同决策、共同行动以及支持公民或社团的倡议。

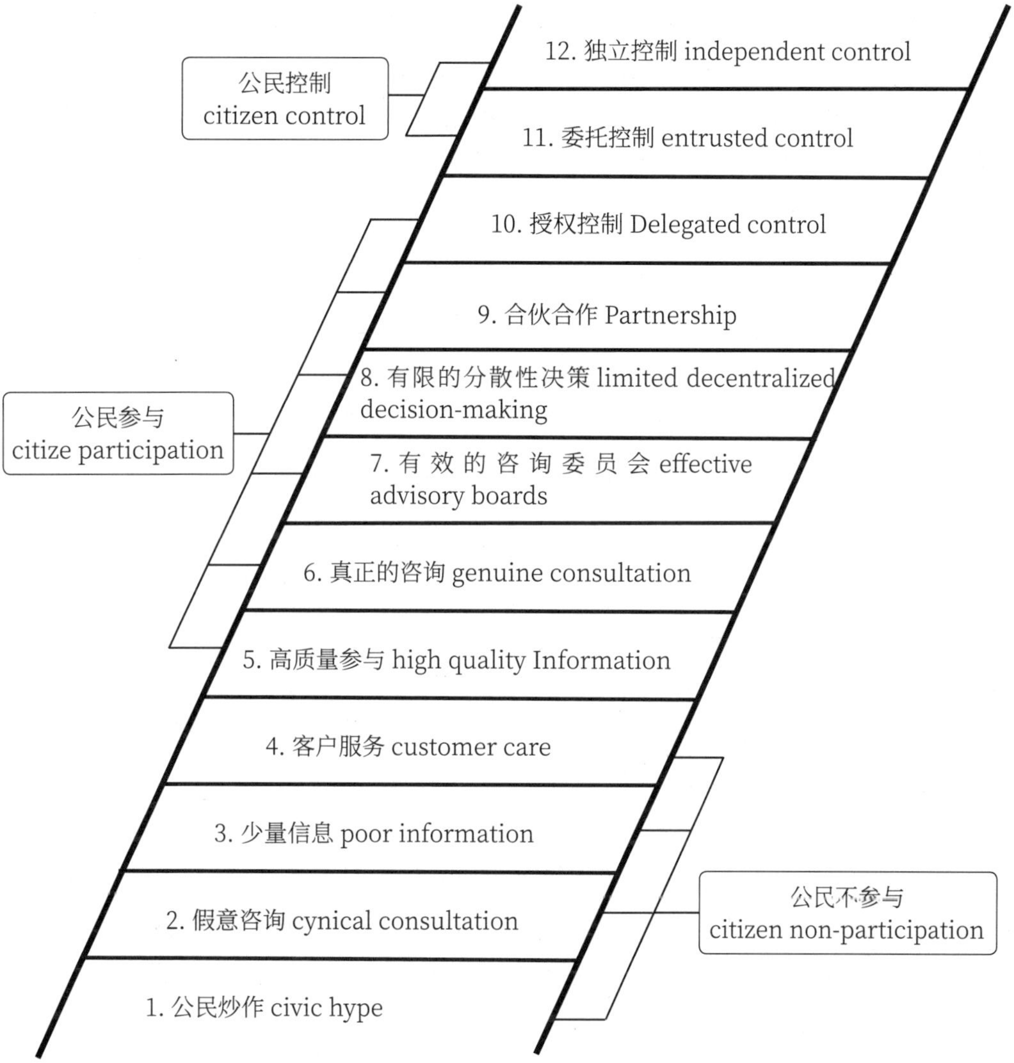

图 1–3 公民赋权阶梯（Burns, 1994）

从以上的两个公众参与阶梯图示中可以发现传统的公众参与理论将公民与计划制定者之间的关系看成一种零和博弈（zero-sum game）的关系。[①] 传统的公众参与理论认为公民的参与限制计划制定者（专家、政府、代理人等）的权力，两者之间的权限是此消彼长、一方压制另一方发展的关系。从公民不参

① 零和博弈是博弈论的一个概念，指的是参与者在竞争之下一方获益必然导致另一方受损，博弈参与者各方的收益和损失总和为零，也因此被称为非合作博弈。

与到公民参与过程，似乎是一个单向发展、不可逆的阶梯。然而，公众参与也可以是一种正和博弈（positive-sum game）。[①] 传统的解决权利（力）配比模式或均衡权利（力）方式多强调“扩大私权即限制公权”，这一理论思路背后即是权力与权利之间的零和博弈关系，与本书所持的权利与权力的关系可以是正和博弈关系有本质不同。

本书认为，公众参与并不必然意味着减少削弱传统的决策人、代理人或专家的作用，而是在增加公众特别是利益相关人利益的同时，促进整个社会利益的增加。公众获得的更多权利，并不来源于传统决策人权力的部分，而是公众本身应当享有或者新增加的权利。同样的，不应当将公众参与看成传统决策人权力缩小的原因。对公民与计划制定者之间关系的不同观点，是传统的公众参与与本书所着重探讨的交互式公众参与（Communicative Lawmaking，后文简称 CL）的本质区别。在交互式公众参与（CL）中，知识产权立法（IPL）领域有可能引进参与理论（PT）。换句话说，只有在交互式公众参与（CL）为前提的情况下，参与理论（PT）才可能适用于知识产权立法（IPL）。

由此得出本书基本论点一：交互式公众参与（CL）是参与理论（PT）适用于知识产权立法（IPL）的必要条件。

除了依据对公众参与主体的不同区分，将公众参与模式分为传统型和交互型两种形式之外，利益相关人权力矩阵可以被视为对“公民赋权阶梯”的发展：它将权力和参与看作是一种连续的关系，而非一系列彼此断裂的层级。权力矩阵通过对公众参与制定对象，即政策和法律的性质不同，将公众参与划分为战略性和操作性两种模式。战略性的决策针对的是长期的计划，而操作性的决策针对的是日常计划。战略性的决策针对的是组织的目的、目标和对象，对组织的行为提出评估标准。而操作性的决策针对的是利益相关人所应当享受的公共服务以及对有限资源的配比等问题。针对这两种不同的公众参与模式，文斯坦雷（Winstanley，1995）和哈特（Hart，1997）相继提出了利益相关人权力矩阵（图 1-4），该矩阵显示出公众参与在战略性决策、操作性决策、混合性决策以及非赋权性决策（既非战略性也非操作性决策）这几种不同模式中的表现。

① 正和博弈是指参与博弈的各方利益都有所增加，或者至少没有受损方，也因此被称为合作博弈。

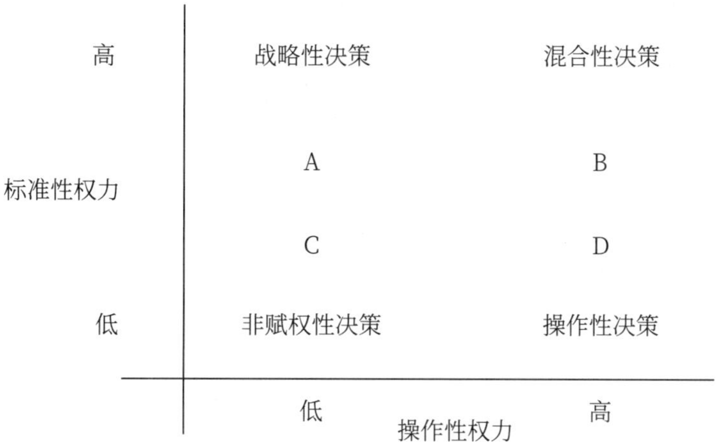

（A stakeholder power matrix，Hart 1997 after Winstanley 1995）

图 1–4　利益相关人权力（利）矩阵

在图 1–4 利益相关人权力（利）矩阵中，A 代表战略层面的权力；B 是复合型权力，代表了战略和操作权力的组合；C 代表无权，即没有真实的权力，既不是战略层面又不是操作层面的权力；D 代表单纯的操作层面的权力。这一矩阵将权力和参与看作是一种连续的关系，而非一系列彼此断裂的层级。它说明不同类型的决策相应地有不同类型的权力。它也并未武断地表明更多地参与一定带来更好的效果，这与传统的参与理论有明显的区别。对于战略性决策以及混合性决策，应当赋予利益相关人较高的标准性权力（criteria power），而对于非赋权性决策以及操作性决策，利益相关人的标准性权力相对较低。[①] 而对于战略性决策和非赋权性决策，利益相关人的操作性权力较低，而对于混合性决策以及操作性决策，利益相关人的操作性权力较高。利益相关人在针对混合性决策时，既有较高的标准性权力，又有较高的操作性权力。而对于非赋权性的决策，利益相关人的这两种权力都在较低的范围内。

与前文介绍的公民赋权阶梯不同，利益相关人权力（利）矩阵不再从公民参与程度或内容考虑决策与参与之间的关系问题，而是从参与者的权力（利）性质以及决策性质的不同，来研究“参与”与“决策”之间的相互关系。可以

① 可惜的是，Hart 和 Winstanley 的这一矩阵并未解释什么是标准性权力（criteria power）。根据笔者的理解，标准性权力是指制定或确定某项标准的权力，属于“创制”权力的范围，而后面的操作性权力则不属于“创制”标准的范围。

说，该矩阵是对公民赋权阶梯的补充和发展，拓展了公众参与理论的研究范围和领域。由于权力矩阵对于赋权阶梯论的发展，知识产权立法（IPL）领域对参与理论（PT）的拒斥也成为可能。它揭示了一个事实：在知识产权立法（IPL）中，如果不参与混合性决策（参见前文所述知识产权立法者应当具有的双重属性）的制定，就谈不上真正地参与立法（PT）。

由此得出本书基本论点二：参与理论（PT）不是知识产权立法（IPL）有效的必要条件。

结合基本论点一和二，可以得出基本论点三：仅有参加到知识产权立法（IPL）中赋权阶梯的混合性决策中（即图 1-4 中的 B），才是参与理论（PT）的理想目标。

因此，本书主要探讨的是知识产权立法（IPL）混合性决策（而非单纯的战略性决策或操作性决策）中的立法博弈。单纯的战略性决策或操作性决策可以仅倚赖专家或者公众中的一端，但混合性决策需要两者之间的协商对话。赋权阶梯理论和权利矩阵理论结合，是为参与理论（PT）应用于知识产权立法（IPL）的可行性论证基础。

第二章 我国知识产权立法现状述评

根据阿恩斯腾参与阶梯和文斯坦雷利益相关人权力矩阵，在知识产权立法(IPL)中,如果不参与混合性决策的制定,就谈不上真正地参与立法(PT)。因此,参与理论（PT）不是知识产权立法（IPL）有效的必要条件。只有在交互式公众参与（CL）中，知识产权立法（IPL）领域才有可能引进参与理论（PT）。与传统的垂直单向（从上而下的）立法策略不同，交互式立法（Communicative Lawmaking，简称 CL）是 PT 能够适用于 IPL 的必要前提条件。

本章将对我国知识产权立法现状进行分析，检验“公众是否参与知识产权立法”，并讨论“公众是否应当参与知识产权立法”。本章基于事实描述，对我国的知识产权立法实践进行观摩。这为之后进行规范性论证，致力于建构理论模型，论证知识产权立法中的“正和博弈”的可能性做出铺垫。通过本章的描述可见,参与理论并不是知识产权有效立法的必要条件,它和本书的中心论题（即交互式立法是参与理论能够适用于知识产权立法的必要前提条件，见导论基本论点一）形成对照。

第一节　立法现状描述

对知识产权的立法体例、立法模式进行专门探讨的文章较少。现有的研究讨论了以下几类立法模式：有关单独立法还是作为民法典中的一部分的立法模式；关于主动立法模式以及被动立法模式；关于法律移植和本土化所导致的超前立法和高标准立法模式。

关于单独立法还是融合在民法典的立法模式：吴汉东教授在《知识产权立法体例与民法典编纂》一文中分析了知识产权立法体例与民法典编纂之间的关系，以意大利、荷兰、俄罗斯以及越南等国的民法典范式进行具体分析。吴汉东教授指出，有的国家的民法典并非知识产权立法的范式民法典（如意大利）；有的国家的知识产权难以融入其民法典体系（如荷兰）；有的国家的立法并非一个完整的知识产权体系（如俄罗斯）；有的国家的立法对新兴的知识产权制度和有关知识产权的程序性规范也没有回应或无力解决（如越南）。[①] 当代的知识产权立法的通行体例是民事特别法，吴汉东教授倾向于对知识产权进行单独立法，在参与了 2002 年 10 月全国人大法工委召开的民法典草案讨论会之后，他提出：结合我国当时的立法现实，我国的立法选择宜将民法典一般性规定与民事特别法专门性规定相结合。[②]

关于立法的被动模式、主动模式：中国知识产权立法经历了从被动立法期、被动调整期、适应期到主动期的发展过程。[③] 总体而言，西方发达国家是知识产权国际规则的制定者、主导者或者主要的裁判员，包括中国在内的多数国家则是规则的接受者、参与者。在以往的立法过程中，中国对国际立法的被动接受多于主动参与。在进入关贸总协定的多边贸易谈判后中国开始以更积极的姿态参与国际法规的制定。[④] 中国应当充分利用国际公约规定的弹性条款和开放性条款，增加我国对国际公约制定和解释中的话语权，应当作为主体主动参与知识产权国际规则的制定，成为“游戏规则”的共同制定者。

关于法律移植与本土化的问题：在我国的其他立法领域，虽然也存在借鉴和移植，但总体而言是以渐进的形式推行。但知识产权立法领域，则显现出一种突变和超常规的方式，是一种应对世界新秩序和中国未来定位的积极回应。[⑤] 与国内其他法律部门相比，中国的知识产权立法具有超前性和高标准的特征。超前性是指，在立法之初法律超过社会发展的实际需要，属于通过立法推动社会发展的实例。高标准是指，相对司法和执法水平而言，立法标准明显偏高，立法强度接近西方发达国家水平，但执法和司法水平相对落后。与国际公约要求的最低保护标准相比，我国的知识产权保护水平不低。[⑥] 应当看到西方国家法律文化的“帝国主义”倾向，在知识产权的国内立法和执法中融入中国传统文化的“重义轻利”等积极因素，实现个人利益与公共利益的平衡。[⑦]

---

① 参看吴汉东：《知识产权立法体例与民法典编纂》，《中国法学》2003 年第 1 期，第 48 ～ 58 页。

② 参看吴汉东：《知识产权立法体例与民法典编纂》，《中国法学》2003 年第 1 期，第 48 ～ 58 页。

③ 马一德：《中国知识产权立法进程的几个问题》，中国知识产权研究网，http：//www.iprcn.com/il_xsjt_show.aspx？news_pi=6066，2018 年 9 月 3 日最后访问。

④ 例如在《文化多样性公约》谈判中，我国积极参与谈判过程，取得较为有利的成果。对 TRIPS 协议的修改以及地理标志保护的谈判也积极参与。参看吴汉东:《中国知识产权法制建设的评价与反思》,《中国法学》2009 年第 1 期, 第 51 ～ 68 页。

⑤ 参看谢晓尧、陈贤凯：《知识产权革命——知识产权立法的中国奇迹》，《法学评论》2010 年第 3 期，第 38 ～ 49 页。

⑥ 参看吴汉东：《中国知识产权法制建设的评价与反思》，《中国法学》2009 第 1 期，第 51 ～ 68 页。

⑦ 参看魏森：《法律文化帝国主义研究——以中国知识产权立法为中心》，《法商研究》2009 年第 3 期，第 120 ～ 130 页。

从立法学的角度看，我国的知识产权法体系较为庞杂，而我国学界目前尚无对知识产权法体系的清晰的梳理。根据2018年《中华人民共和国知识产权法律法规全书（含司法解释）》，自改革开放至2017年6月期间公布的现行有效的全部知识产权法律、法规和司法解释共292部法律文件。[①] 将其按照综合、著作权、商标、专利、反不正当竞争等八个类别进行分类后得出：综合类30部，著作权类43部，商标类109部，专利类54部，反不正当竞争类8部，侵犯知识产权的刑事责任类8部，知识产权国际公约类8部，其他类32部。

表2-1　知识产权立法统计

法律类别	数量（部）	具体分类及数量（部）	
一、综合	30		
二、著作权	43	1. 综合	7
		2. 计算机软件及网络著作权	6
		3. 出版	10
		4. 录音录像和播放	10
		5. 著作权集体管理	5
		6. 著作权行政执法	5
三、商标	109	1. 综合	13
		2. 商标代理	5
		3. 商标注册	18
		4. 商标续展、转让、变更	7
		5. 商标许可使用	4
		6. 驰名商标认定和保护	8
		7. 商标与相关标识	22
		8. 商标行政执法	10
		9. 商标侵权认定	16
		10 商标纠纷诉讼	7

① 本书最初写作时统计数据根据《中华人民共和国知识产权法律法规全书（含司法解释）》，法律出版社2013年版。自改革开放至2012年10月期间公布的现行有效的全部知识产权法律、法规和司法解释279部法律文件，其中综合类26部，著作权类43部，商标类106部，专利类48部，反不正当竞争类8部，侵犯知识产权的刑事责任类8部，知识产权国际公约类8部，其他类32部。在进行本书修改时，数据更新至2018年10月。

续表

法律类别	数量（部）	具体分类及数量（部）	
四、专利	54	1. 综合	13
		2. 专利代理	6
		3. 专利申请	6
		4. 专利许可	4
		5. 专利行政执法	4
		6. 专利纠纷诉讼	21
五、其他知识产权	32	1. 植物新品种权	8
		2. 集成电路布图设计权	4
		3. 技术成果与技术秘密	9
		4. 域名	5
		5. 其他	6
六、反不正当竞争	8		
七、侵犯知识产权的刑事责任	8		
八、知识产权国际公约	8		

注：根据2018年我国知识产权法律法规全书（含司法解释）初步统计：292部法律文件。

而根据《中华人民共和国立法法》的法律位阶的分类，我国法律分为六个层级，从高到低依次是根本法律、基本法律、普通法律、行政法规、地方性法规和规章，分类标准主要是根据法律的制定机关和程序。如果加上国际公约类和司法解释类，则一共八个层级。因此，根据立法机关的不同，又可以将上文统计的 292 部法律文件分为以下几类表 2-2。

表 2-2　知识产权法的位阶

法的位阶	数量	内容
一、根本法律	0	
二、基本法律	3	《民法总则》相关内容、《刑法》相关内容、《合同法》相关内容
三、普通法律	7	《著作权法》《商标法》《烟草专卖法》相关内容、《农业法》相关内容、《专利法》

续表

法的位阶	数量	内容
四、行政法规	29	《国际知识产权战略纲要》《知识产权海关保护条例》《著作权法实施条例》《实施国际著作权条约的规定》《信息网络传播权保护条例》《计算机软件保护条例》《出版管理条例》《音像制品管理条例》《著作权集体管理条例》《烟草专卖法实施条例》《进出口货物原产地条例》《特殊标志管理条例》《博览会标志保护条例》《奥林匹克标志保护条例》《专利法实施细则》《国防专利条例》《专利代理条例》《植物新品种保护条例》《集成电路布图设计保护条例》《技术进出口管理条例》《传统工艺美术保护条例》《中药品种保护条例》《农药管理条例》《兽药管理条例》《饲料和饲料添加剂管理条例》
五、地方性法规	未统计	
六、行政规章	177	涉及的立法机关包括海关总署、教育部、卫生部、交通部、商务部、国家工商行政管理总局、国家版权局、国家知识产权局、科学技术部、国家发展和改革委员会、财政部、国务院国有资产监督管理委员会、工业和信息化部、工商总局、中科院、信息产业部、新闻出版总署、国家出入境检验检疫局、国家质量监督检验检疫总局、国家经济贸易委员会、中国专利局、国家林业局、农业部、国家科学技术委员会、国家保密局、国家税务总局、中国互联网信息中心、国家医药管理局(28 个立法部门)
七、国际公约	8	《与贸易有关的知识产权协定》(TRIPs)《修改(TRIPs 协定)议定书》《伯尔尼保护文学和艺术作品公约》《世界版权公约》《保护工业产权巴黎公约》《国际专利分类斯特拉斯堡协定》《商标注册用商品和服务国际分类尼斯协定》《商标国际注册马德里协定》
八、司法解释和其他	68	包括最高人民法院关于相关问题的意见、通知、规定、解释、纪要、函、复函、答复、批复;最高人民检察院、公安部关于相关问题的规定、解释、批复、意见等法律文件

从上述分类可见:知识产权立法主要表现为行政法规和规章,占全部法律文件的约 70%,其中行政规章占全部法律文件的约 60%。

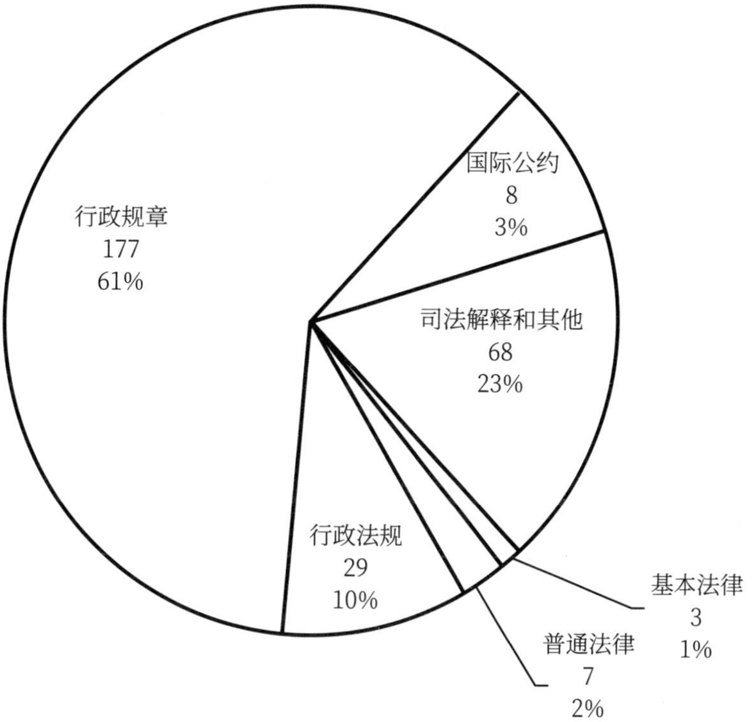

图 2-1　知识产权法律法规数量分布分析

我国知识产权立法涉及的立法机关主体较多，国内立法涉及了包括全国人民代表大会、国务院、国家版权局、国家知识产权局、中国专利局、科学技术部、中国互联网信息中心等在内的三十多个立法主体机关，和其他法律部门较为单一的立法主体比较起来，知识产权的立法主体层次多、数量多、较为分散。

表 2-3　知识产权法行政规章立法主体和数量分布分析

立法主体	立法数量	代表性法规
海关总署	1	中华人民共和国海关关于《中华人民共和国知识产权海关保护条例》的实施办法
教育部	2	高等学校知识产权保护管理规定
卫生部	1	卫生知识产权保护管理规定
交通部	1	交通行业知识产权管理办法
商务部	4	商务部等关于进一步推进网络购物领域打击侵犯知识产权和制售假冒伪劣商品行动的通知
国家工商行政管理总局	93	集体商标、证明商标注册和管理办法

续表

立法主体	立法数量	代表性法规
国家版权局	23	国家版权局关于贯彻实施《出版文字作品报酬规定》的意见
国家知识产权局	33	实施修改后的专利法实施细则的过渡办法
科学技术部	6	关于国际科技合作项目知识产权管理的暂行规定
国家发展和改革委员会	3	国家发展改革委等建立和完善知识产权交易市场的指导意见
财政部	3	财政部、国家知识产权局关于加强知识产权资产评估管理工作若干问题的通知
国务院国有资产监督管理委员会	1	国务院国有资产监督管理委员会关于加强中央企业知识产权工作的指导意见
工业和信息化部	2	财政部等关于加强知识产权质押融资与评估管理支持中小企业发展的通知
工商总局	1	国家知识产权局等关于加强战略性新兴产业知识产权工作的若干意见
中科院	1	国家知识产权局等关于加强战略性新兴产业知识产权工作的若干意见
信息产业部	4	互联网著作权行政保护办法
（原）新闻出版总署	10	出版市场管理规定
国家出入境检验检疫局	2	原产地标记管理规定
国家质量监督检验检疫总局	1	地理标志产品保护规定
国家经济贸易委员会	1	企业专利工作管理办法（试行）
中国专利局	1	中国专利局关于贯彻《专利代理条例》的几点意见
国家林业局	2	中华人民共和国植物新品种保护条例实施细则（林业部分）
农业部	4	中华人民共和国植物新品种保护条例实施细则（农业部分）
国家科学技术委员会	3	科学技术成果鉴定办法
国家保密局	1	科学技术保密规定
国家税务总局	1	技术合同认定登记管理办法
中国互联网信息中心	2	中国互联网络信息中心域名争议解决办法
国家医药管理局	1	药品行政保护条例
银监会	1	财政部等关于加强知识产权质押融资与评估管理支持中小企业发展的通知

注：以上有几个部门共同立法的情况，在计算所涉及相关立法主体时分开计算，但在计算法规数时合并计算（不重复计算）。

通过表 2-3 统计分析可见，在与知识产权相关的行政规章的立法主体中，主要立法主体是国家工商行政管理总局（关于商标的立法主体），所立法律文本 93 项，约占总数（177 项规章）的 52%；其次是国家知识产权局，立法 33 项，占总数的 18%；再次是国家版权局，立法 23 项，占总数的 13%；最后是原新闻出版总署（后改名为国家新闻出版广电总局，2018 年 3 月不再保留，组建中华人民共和国国家广播电视总局），立法 10 项，占总数的约 5%。以上这四个部门占国内知识产权全部立法主体（31 个相关立法部门）的 13%，但这四个部门立法总数（159 项）占全部行政规章（177 项）约 90%，占全部知识产权立法（292 项）的 50% 以上。因此，在知识产权法领域最重要的立法主体除了全国人民代表大会和国务院之外，是国家工商行政管理总局、国家知识产权局、国家版权局以及原新闻出版总署这三个部门。①

综上所述，我国最重要的正式的知识产权立法主体有：全国人民代表大会、国务院、国家工商行政管理总局、国家知识产权局、国家版权局以及原新闻出版总署（现改建为国家广播电视总局）这五大主体。② 其中，从主要法规的立法数量上看，后四个部门为最主要的立法主体。

第二节 立法主体分析

从上文统计分析数据可见，我国最重要的正式的知识产权立法主体有：全国人民代表大会、国务院、国家工商行政管理总局、国家知识产权局、国家版权局以及原新闻出版总署（现改建为国家广播电视总局）这五大主体。从立法主体的位阶来看，全国人大是名义上最重要的立法主体。从立法的实际操作看，全国人大常委会中的法制工作委员会才是事实上“国会中的国会”、是“隐形的

① 原国家版权局和新闻出版总署（后改名为国家新闻出版广电总局，于 2018 年 3 月改建为中华人民共和国国家广播电视总局）是一个机构两块牌子，在数据统计时计算为一个立法单位。

② 国家版权局和国家新闻出版广电总局是一个机构，两块牌子，计算为一个立法单位。

立法者”。国务院是重要行政法规的立法主体，立法工作主要由国务院法制办公室主持。从主要法规的立法的数量上看，后四个部门为最主要的立法主体。本节将针对这几类主要的知识产权立法主体进行分析。

一、全国人大常委会法制工作委员会

关于全国人民代表大会及其常务委员会这两个立法主体，与知识产权相关的是全国人大常委会“法制工作委员会”。

全国人大机构中负责与法律相关事务的部门有“法律委员会”“内务司法委员会”“法制工作委员会”“香港特别行政区基本法委员会”以及“澳门特别行政区基本法委员会”。前两个属于全国人大的专门委员会，后面三个属于全国人大常委会的工作机构。全国人大的“法律委员会”和全国人大常委会的“法制工作委员会”之间是怎样的关系？似乎后者是前者的工作机构和办事机构，然而，比较两个机构的组成人员可知，除了全国人大常委会法制工作委员会的主任同时也是全国人大法律委员会副主任之外，两个机构的组成人员各自独立，从组织构架上看并没有上、下从属或领导的关系。

实际上，我国的全国人大以及人大常委会的设置并不是像西方议会上、下两院（或者国会的参、众议院）的设置，全国人大及其常委会是分享立法权，但它们并不是如同上、下两院或者参、众两院那样在同一会期立法。全国人大常委会的立法权来源于全国人大的授权，但是在全国人大会期内，人大常委会是不进行立法活动的，它是在全国人大闭会期间进行立法活动的机构。① 因此，这两个机构是“同类”，但却是各自独立的两个机构。② 从组成人员上看，全国人大常委会的成员不是通过民选，而是经全国人大主席团任命，全国人大的普

① 在 1949 年到 1982 年，立法权是专属于全国人大的，在 1955 年到 1959 年，全国人大常委会获得特别授权可以在全国人大闭会期间制定法规、进行立法解释，1982 年宪法公布之后，全国人大及其常委会都有立法权。而 2000 年的立法法则进一步扩张了全国人大常委会的立法范围，也因此被称为“国会中的国会”。参看 Peng He，Chinese Lawmaking：From Non-communicative to Communicative，Springer，2013，p.37.

② 但法工委同时又是法律委员会的办事机构，甚至有文章指出两者共用办公室。参看卢群星：《隐性立法者：中国立法工作者的作用及其正当性难题》，《浙江大学学报（人文社科版）》2013 年第 2 期，第 74 ～ 89 页。遗憾的是，无论是法律委员会官网还是法工委官网，至今仍无法律上对两个机构的性质、职能以及界限的清晰说明。

通代表无权决定人大常委会人员的任免。

从官网信息上很难追溯到具体立法者的信息。例如原《民法通则》是由全国人大法工委主导下的立法，如果要查询相关立法人员，在官网上看全国人大法工委的组成人员（包括主任在内）一共七人，但同时法工委下又设置了办公室、研究室、民法室、国家法室、刑法室、行政法室等多个部门。① 即使能够查询到工作人员名单，他们的具体工作应当是有关立法活动的准备或行政相关的工作。遗憾的是，在本书写作时，从官网上查找不到各部门的组成人员，委员会历史一栏也是空白。② 也因此，法工委中的立法者被称为“隐性立法者”或“隐形立法者”。③ 从其他研究资料查到，法工委约有 170 名受过良好训练的立法工作者，是全国人大中拥有法律专家最多的部门，是其他委员会专家人数的五倍多（其他委员会的专家一般是 20 人左右），法工委也是全国人大机构中最大的一个工作机构。④ 但从公开资源上无法获得这些立法工作者的资料信息（例如姓名、年龄、教育背景、职业经历等），也无法从网络上查到全国人大法工委民法室工作人员或与知识产权立法相关的人员信息。

二、国务院法制办公室

关于国务院作为知识产权立法主体。2016 年 6 月搜索国务院官网：在“国务院文件”高级搜索“标题”部分中输入关键词“知识产权”，可获得 25 条搜索结果。⑤ 这 25 条法律文件分别归类于“国发”“国办发”“国函”“国办函”“国令”，其中只有属于“国令”类的是“行政法规”，其他虽然有重要指导意义，

---

① 初次查询时间为 2016 年 6 月，2018 年再次查询时官网上法工委公布的工作人员名单（包括主任在内）减为三人。

② 见法工委官网“机构设置”“委员会历史”两栏，均为空白，http：//www.npc.gov.cn/npc/fzgzwyh/node_5858.htm，2016 年 6 月 1 日初次访问。2016 年从网络其他公开资源的信息得知，时任法工委民法室主任是贾东明，现任主任是姚红，副主任是杜涛。2018 年 12 月 13 日再次访问，法工委官网该两栏仍为空白。

③ 参看卢群星：《隐性立法者：中国立法工作者的作用及其正当性难题》，《浙江大学学报（人文社科版）》2013 年第 2 期，第 74 ～ 89 页。

④ 参看卢群星：《隐性立法者：中国立法工作者的作用及其正当性难题》，《浙江大学学报（人文社科版）》2013 年第 2 期，第 74 ～ 89 页。

⑤ 2016 年 6 月 1 日初步检索获得 25 条结果，2018 年 12 月 13 日重新检索获得 32 条结果。属于国令（行政法规）的有 6 条，即 2003 年《中华人民共和国知识产权海关保护条例》，2010 年《国务院关于修改〈中华人民共和国知识产权海关保护条例〉的决定》《中华人民共和国海关事务担保条例》，2014 年《中华人民共和国商标法实施条例》《企业信息公示暂行条例》，2018 年《奥林匹克标志保护条例》。

类似于行政法规，但并不是《中华人民共和国立法法》意义上的法律文件。① 这25条搜索结果中，属于国令（行政法规）的有两条，即2003年《中华人民共和国知识产权海关保护条例》以及2010年《国务院关于修改〈中华人民共和国知识产权海关保护条例〉的决定》。

而在“国务院文件”下输入关键词“著作权”可以获得60条搜索结果。② 其中属于国令的有22条。③ 在“国务院文件”下输入关键词“专利”搜索可以获得149条搜索结果，其中属于国令的有13条。④ 在“国务院文件”下输入关键词“商标”搜索可以获得111条搜索结果，其中属于国令的有15条。⑤

除去以上分类搜索中三类别共有的法令，计算得知国务院颁布的与知识产权相关的法令有14条，与“著作权”和“专利”都相关的法令有7条，与“著作权”和“商标”都相关的法令有9条，与“专利”和“商标”都相关的法令

① 发文机关有“国务院”和“国务院办公厅”的区别。国发是国务院所发文件中最重的字号，发文范围广泛，涉及事件重大，对全国都有指导意义，国函是就某一个重要事件所发的文，发文范围较窄，涉及部分地区或系统。

② 初次检索时间为2016年6月1日。2018年12月13日再次检索获得77条结果。因为不涉及法规具体内容，本节不做特别说明时，用2016年检索数据论述。

③ 2018年12月重新搜索得到23条结果，增加了2018年《奥林匹克标志保护条例》。其他为：2015年《地图管理条例》，2013年《国务院关于修改部分行政法规的决定》，2013年《国务院关于修改〈中华人民共和国著作权法实施条例〉的决定》，2013年《国务院关于修改〈计算机软件保护条例〉的决定》，2013年《国务院关于修改〈信息网络传播权保护条例〉的决定》，2011年《国务院关于修改〈中华人民共和国个人所得税法实施条例〉的决定》，2011年《国务院关于修改〈音像制品管理条例〉的决定》，2011年《国务院关于修改〈出版管理条例〉的决定》，2011年《国务院关于废止和修改部分行政法规的决定》，2010年《国务院关于修改〈中华人民共和国知识产权海关保护条例〉的决定》，2009年《广播电台电视台播放录音制品支付报酬暂行办法》，2008年《国务院关于修改〈营业性演出管理条例〉的决定》，2008年《国务院关于修改〈中华人民共和国个人所得税法实施条例〉的决定》，2007年《中华人民共和国企业所得税法实施条例》，2006年《中华人民共和国测绘成果管理条例》，2006年《地方志工作条例》，2006年《信息网络传播权保护条例》，2005年《国务院关于修改〈中华人民共和国个人所得税法实施条例〉的决定》，2005年《营业性演出管理条例》，2004年《著作权集体管理条例》，2004年《世界博览会标志保护条例》，以及2003年《中华人民共和国知识产权海关保护条例》。

④ 2015年《中华人民共和国政府采购法实施条例》，2011年《中华人民共和国招标投标法实施条例》，2011年《国务院关于修改〈中华人民共和国个人所得税法实施条例〉的决定》，2010年《国务院关于修改〈中华人民共和国知识产权海关保护条例〉的决定》，2010年《国务院关于修改〈中华人民共和国专利法实施细则〉的决定》，2008年《国务院关于修改〈中华人民共和国个人所得税法实施条例〉的决定》，2007年《中华人民共和国企业所得税法实施条例》，2007年《商业特许经营管理条例》，2006年《诉讼费用交纳办法》，2005年《国务院关于修改〈中华人民共和国个人所得税法实施条例〉的决定》，2004年《世界博览会标志保护条例》，2004年《国防专利条例》，2003年《中华人民共和国知识产权海关保护条例》。

⑤ 2015年《中华人民共和国政府采购法实施条例》，2014年《中华人民共和国商标法实施条例》，2013年《国务院关于废止和修改部分行政法规的决定》，2011年《中华人民共和国招标投标法实施条例》，2011年《饲料和饲料添加剂管理条例》，2011年《国务院关于修改〈中华人民共和国个人所得税法实施条例〉的决定》，2010年《国务院关于修改〈中华人民共和国知识产权海关保护条例〉的决定》，2008年《国务院关于修改〈中华人民共和国个人所得税法实施条例〉的决定》，2008年《国务院关于废止部分行政法规的决定》，2007年《中华人民共和国企业所得税法实施条例》，2007年《商业特许经营管理条例》，2006年《商业特许经营管理条例》，2005年《国务院关于修改〈中华人民共和国个人所得税法实施条例〉的决定》，2004年《世界博览会标志保护条例》，以及2003年《中华人民共和国知识产权海关保护条例》。以上分析结果源于国务院网站，例如对商标的搜索结果：http：//sousuo.gov.cn/s.htm？ q= 商标 &n=10&p=11&t=paper&timetype=&mintime=&maxtime=&sort=&sortType=1，搜索时间2016年6月1日。

有 9 条。与“著作权”“专利”和“商标”三类都相关的法令有 8 条，分别是：2011 年、2010 年、2008 年、2005 年《国务院关于修改〈中华人民共和国个人所得税法实施条例〉的决定》、2007 年《中华人民共和国企业所得税法实施条例》、2004 年《世界博览会标志保护条例》，以及 2010 年、2003 年《中华人民共和国知识产权海关保护条例》。其中 5 条都是与税法相关（2011 年、2010 年、2008 年、2005 年对个人所得税法实施条例的修改，以及 2007 年对企业所得税法实施条例的修改），2 条关于知识产权海关保护，1 条关于世博会标志保护。

国务院法制办公室承担统筹规划国务院立法工作的责任、审查各部门报送国务院的法律法规草案、负责从法律角度审查部门报送国务院审核的我国缔结或者参加的国际条约、负责起草或者组织起草有关重要法律草案、行政法规草案等职能。根据 2016 年检索法制办公室官网上的信息，五位领导人（宋大涵、袁曙宏、甘藏春、夏勇、胡可明）都具有法律专业教育背景。内设机构中，与法律相关的有政法国防法制司、社会管理法制司、教育科技文化卫生法制司、财政金融法制司、工交商事法制司、农林城建资源环保法制司等机构，而直接写明了与知识产权相关的是教育科技文化卫生法制司。但遗憾的是官网上无法查找到教科文卫法制司的工作人员的相关信息。

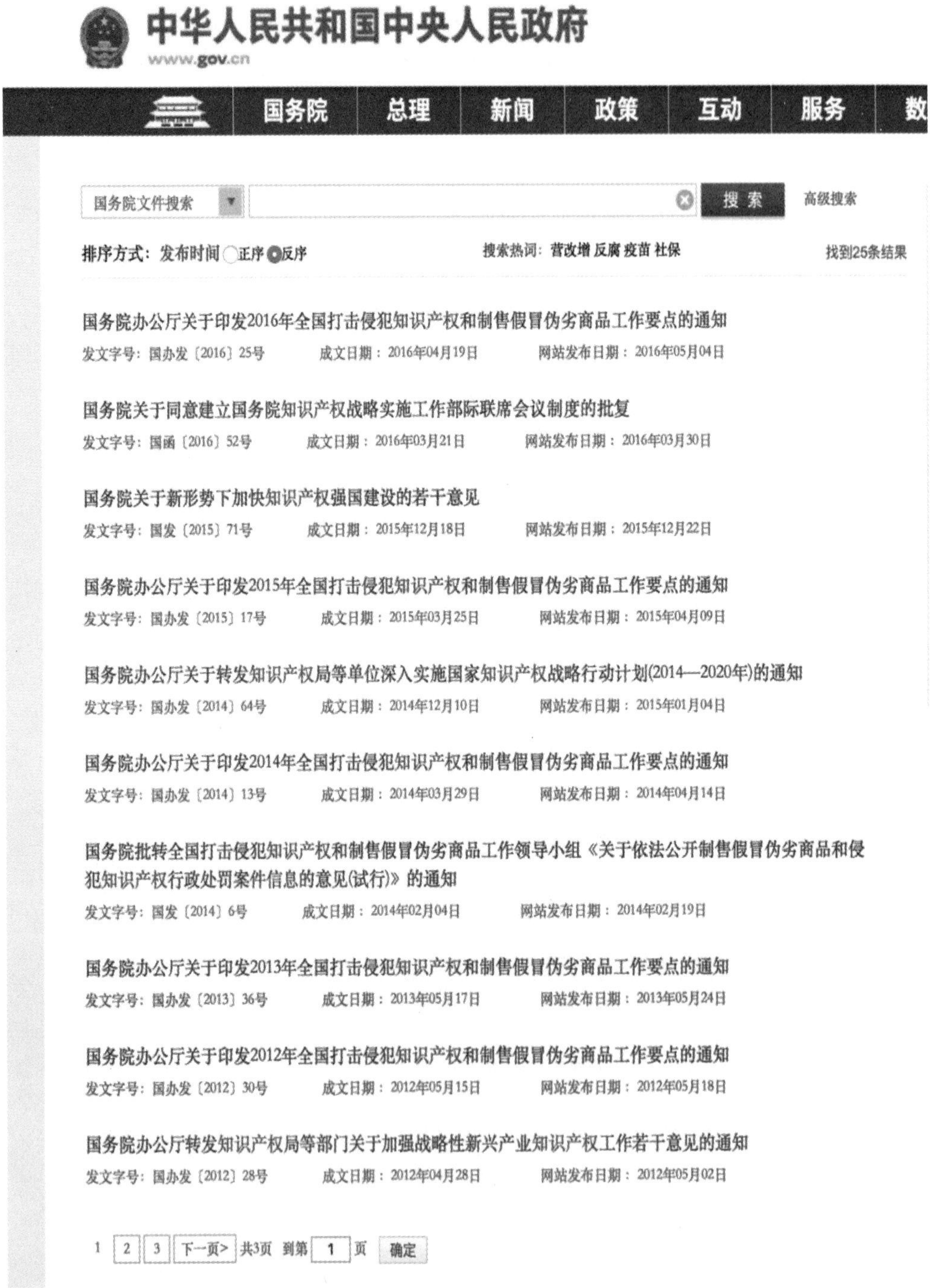
中华人民共和国中央人民政府
www.gov.cn

国务院 总理 新闻 政策 互动 服务 数

国务院文件搜索 搜 索 高级搜索

排序方式：发布时间 正序 反序 搜索热词：营改增 反腐 疫苗 社保 找到25条结果

国务院办公厅关于印发2016年全国打击侵犯知识产权和制售假冒伪劣商品工作要点的通知
发文字号：国办发〔2016〕25号 成文日期：2016年04月19日 网站发布日期：2016年05月04日

国务院关于同意建立国务院知识产权战略实施工作部际联席会议制度的批复
发文字号：国函〔2016〕52号 成文日期：2016年03月21日 网站发布日期：2016年03月30日

国务院关于新形势下加快知识产权强国建设的若干意见
发文字号：国发〔2015〕71号 成文日期：2015年12月18日 网站发布日期：2015年12月22日

国务院办公厅关于印发2015年全国打击侵犯知识产权和制售假冒伪劣商品工作要点的通知
发文字号：国办发〔2015〕17号 成文日期：2015年03月25日 网站发布日期：2015年04月09日

国务院办公厅关于转发知识产权局等单位深入实施国家知识产权战略行动计划(2014—2020年)的通知
发文字号：国办发〔2014〕64号 成文日期：2014年12月10日 网站发布日期：2015年01月04日

国务院办公厅关于印发2014年全国打击侵犯知识产权和制售假冒伪劣商品工作要点的通知
发文字号：国办发〔2014〕13号 成文日期：2014年03月29日 网站发布日期：2014年04月14日

国务院批转全国打击侵犯知识产权和制售假冒伪劣商品工作领导小组《关于依法公开制售假冒伪劣商品和侵犯知识产权行政处罚案件信息的意见(试行)》的通知
发文字号：国发〔2014〕6号 成文日期：2014年02月04日 网站发布日期：2014年02月19日

国务院办公厅关于印发2013年全国打击侵犯知识产权和制售假冒伪劣商品工作要点的通知
发文字号：国办发〔2013〕36号 成文日期：2013年05月17日 网站发布日期：2013年05月24日

国务院办公厅关于印发2012年全国打击侵犯知识产权和制售假冒伪劣商品工作要点的通知
发文字号：国办发〔2012〕30号 成文日期：2012年05月15日 网站发布日期：2012年05月18日

国务院办公厅转发知识产权局等部门关于加强战略性新兴产业知识产权工作若干意见的通知
发文字号：国办发〔2012〕28号 成文日期：2012年04月28日 网站发布日期：2012年05月02日

1 2 3 下一页> 共3页 到第 1 页 确定

图 2-2 搜索关键词“知识产权”

三、国家工商行政管理总局法规司

以2013年的《商标法》修改工作为例，《商标法》修订的启动工作是由国家工商行政管理总局完成，然后由国家工商行政管理总局将修正案草案报国务院审批，国务院于2012年提请全国人大常委会审议商标法修正案，全国人大常委会于2013年公布该修正案，2014年5月开始实施。①

图 2–3　国家工商行政管理总局官网

国家工商行政管理总局成立于1978年。其内设的法规司负责相关的法律法规草案以及规章的起草。而其中的“法规处”是最核心的立法单位。值得一提的是，法规司有专门的网页，但遗憾的是，无法从官网上查找相关工作人员以及工作流程的信息。

但是，在国家工商行政管理总局的官网上可以找到“规章草案征集系统”，社会公众可以通过匿名方式登陆并对规章草案的征求意见稿提出自己的意见。

---

① 参看何平：《商标法第三次修改简述》，《中华商标》2013年第10期，第11～16页。

这是公众参与立法的一种良好途径。

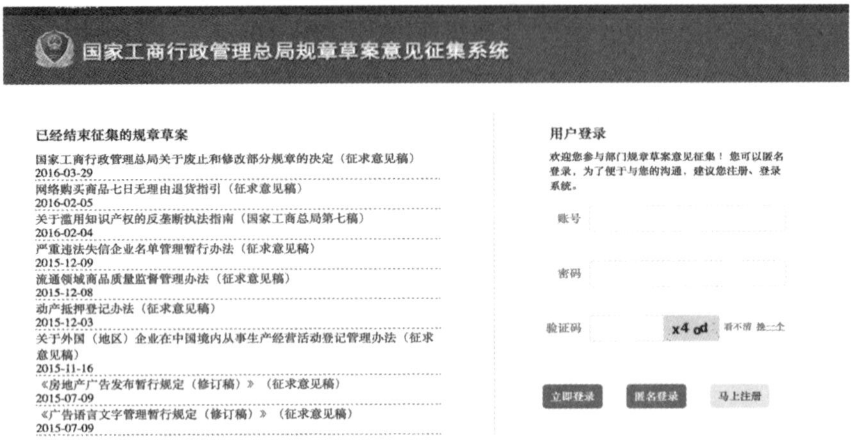

图 2-4　国家工商行政管理总局规章草案意见征集系统

四、国家知识产权局条法司

图 2-5　国家知识产权局条法司官网（此处截图为 2016 年 6 月检索）

图 2-6　国家知识产权局条法司意见征求
（2018 年 8 月 28 日国家知识产权局英文缩写变更为 CNIPA）

在国家知识产权局官网上（http：//www.cnipa.gov.cn/），并没有搜索到与立法相关的机构设置、相关人员及主要职责等信息。在其他公开资源上查到国家知识产权局的主要职责中，与知识产权立法相关的包括：拟订专利知识产权法律法规草案，拟订和实施专利管理工作的政策和制度，拟订规范专利技术交易的政策措施，以及拟订知识产权涉外工作的政策。①

从国家知识产权局的官网上，也可以发现立法参与的设计，主要表现在对相关法律、法规草案公开征求意见上。

① 国家知识产权局职责有七项，其中第（二）（三）项有涉及本书所研究的立法范畴。

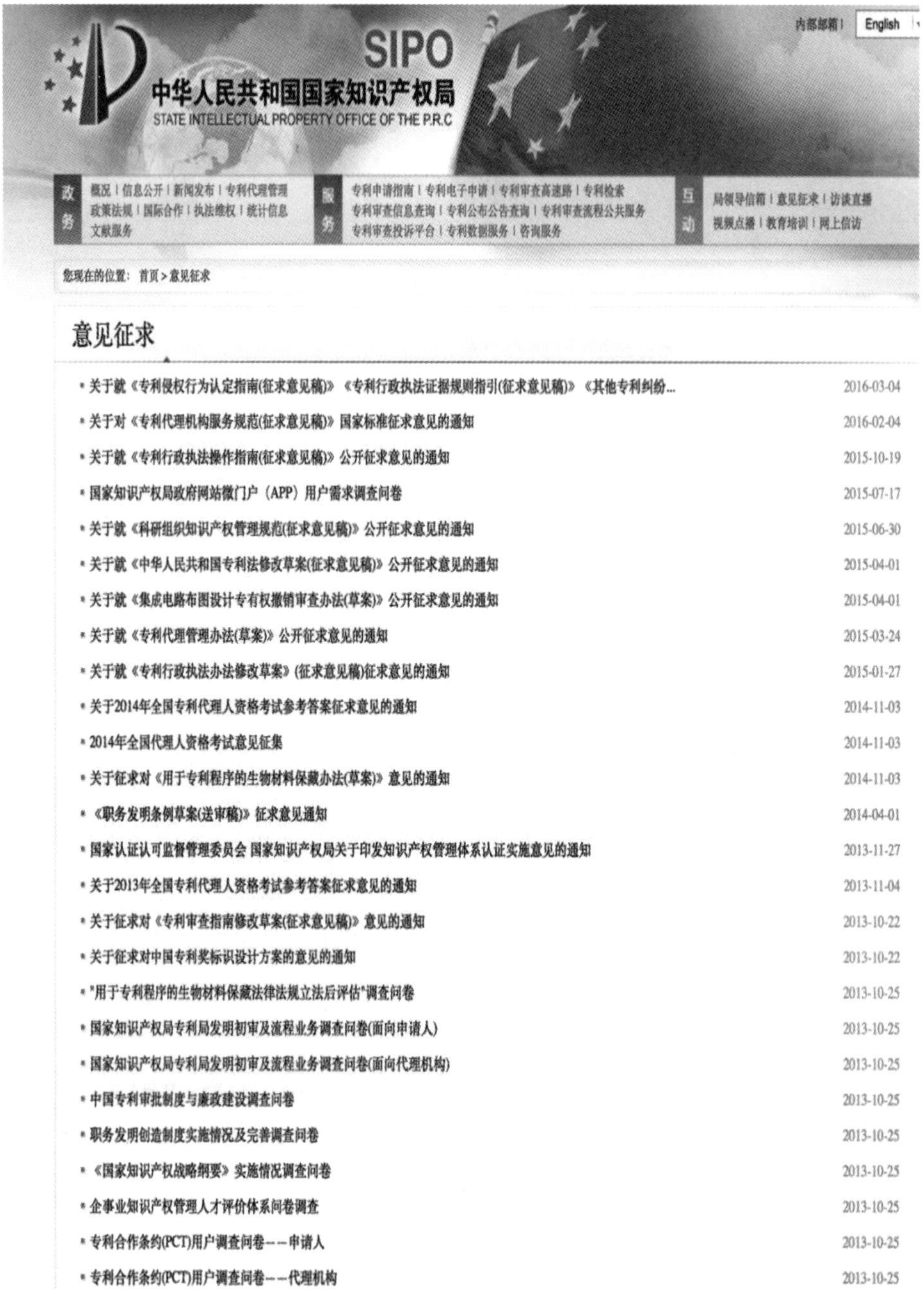

图 2-7　国家知识产权局条法司官网关于法律法规征求意见（2018 年 8 月 28 日国家知识产权局英文缩写变更为 CNIPA，此处截图为 2016 年 6 月初次检索）

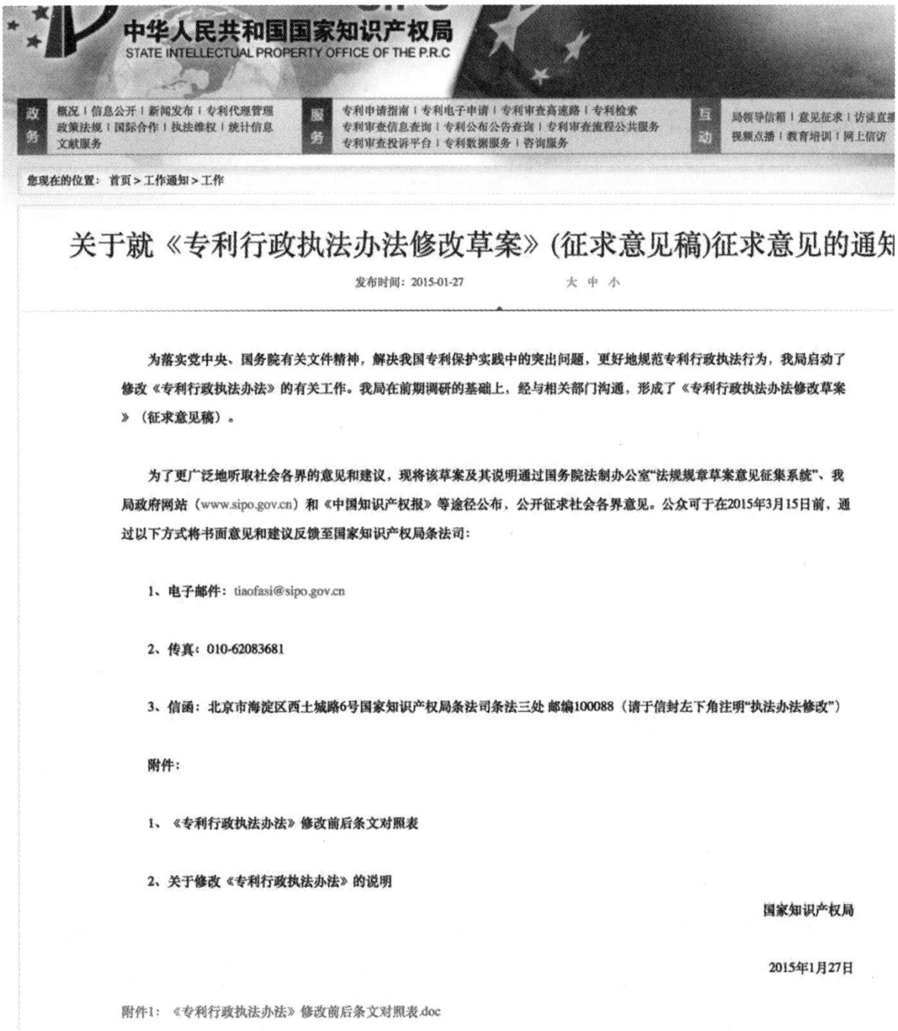

图 2-8　国家知识产权局条法司关于就《专利行政执法办法修改草案》（征求意见稿）征求意见的通知（2018 年 8 月 28 日国家知识产权局英文缩写变更为 CNIPA，此处截图为 2016 年 6 月初次检索）

在这样的征求意见的公开通知中，不仅公布了“公布途径”（包括国务院法制办公室法规规章草案意见征集系统、国家知识产权局官网、《中国知识产权报》），并公布了国家知识产权局条法司的正式工作邮件、电话、电子邮件等联系方式，并附上了法规修改后前文对照表、修改说明等内容，从形式上具备了立法参与理论中的“公开”“透明”“可行性”等要求。

五、国家版权局版权管理司

国家版权局设立于 1985 年，一开始是在文化部内部设立国家版权局，并将文化部原出版局改称为国家出版局，也就是说国家出版局与国家版权局实际上为一个机构。1987 年，国务院决定设立直属国务院的新闻出版署，保留文化部国家版权局，撤销文化部所属的国家出版局，但实际上新闻出版署和国家版权局仍是同一个机构两块牌子的形式。到 2001 年，新闻出版署（国家版权局）升格为正部级单位，改称新闻出版总署（国家版权局）。直到 2013 年 3 月，全国人大十二届一次全体会议批准《国务院机构改革和职能转变方案》和《国务院关于机构设置的通知》（国发〔2013〕14 号），将新闻出版总署、广电总局的职责整合，组建国家新闻出版广电总局，加挂国家版权局牌子。①

作为国务院著作权行政管理部门，国家版权局主管全国的著作权管理工作。其主要职责中与知识产权立法相关的包括：拟订国家版权战略纲要和著作权保护管理使用的政策措施并组织实施，以及承担著作权涉外条约有关事宜。②而国家版权局的“版权管理司”则是专门负责参与起草版权法律、法规，拟定版权管理、保护、使用的规章、政策并组织实施的部门。③在人员编制上，官网上公开的版权管理司行政编制 17 名，其中处级以上 12 名。④

在国家版权局官网上并未查到相关具体人员的信息，也无法查找到版权管理司参与起草版权相关法律法规的具体程序。在官网上可以查到有关立法参与的内容是在信息公开－公告通知的部分，可以查到对相关法律法规征求意见稿公开征求意见的通知，并可以看到公布的“国家版权局政策法制司”正式工作邮件、电话、电子邮件等联系方式。值得注意的是，2014 年的“政策法制司”在国家版权局官网上并不在机构设置中，而在 2016 年检索的国家新闻出版广电总局官网上的机构设置中则有“政策法制司”，由于国家版权局和国家新闻出版广电总局一直以来是一个机构两块牌子，因此推测国家版权局 2014 年的“政策

---

① 见国家版权局官网历史沿革介绍，http：//www.ncac.gov.cn/chinacopyright/channels/476.html。

② 见国家版权局官网职能范围介绍，http：//www.ncac.gov.cn/chinacopyright/channels/475.html，其四项主要职责中的（一）（二）点涉及本书所研究的立法范畴。

③ 见国家版权局官网职能范围介绍，http：//www.ncac.gov.cn/chinacopyright/channels/475.html，版权管理司主要职责内设机构和人员编制规定相关内容。

④ 见国家版权局官网职能范围介绍，http：//www.ncac.gov.cn/chinacopyright/channels/475.html，最后访问时间为 2016 年 6 月 24 日。

法制司”实际上指的是国家新闻出版广电总局的机构，但在信息公开—公共通知中并未进行事后补充说明。和国家知识产权局一样，国家版权局所涉及的相关的立法的公众参与也是通过“征求意见”的方式进行。

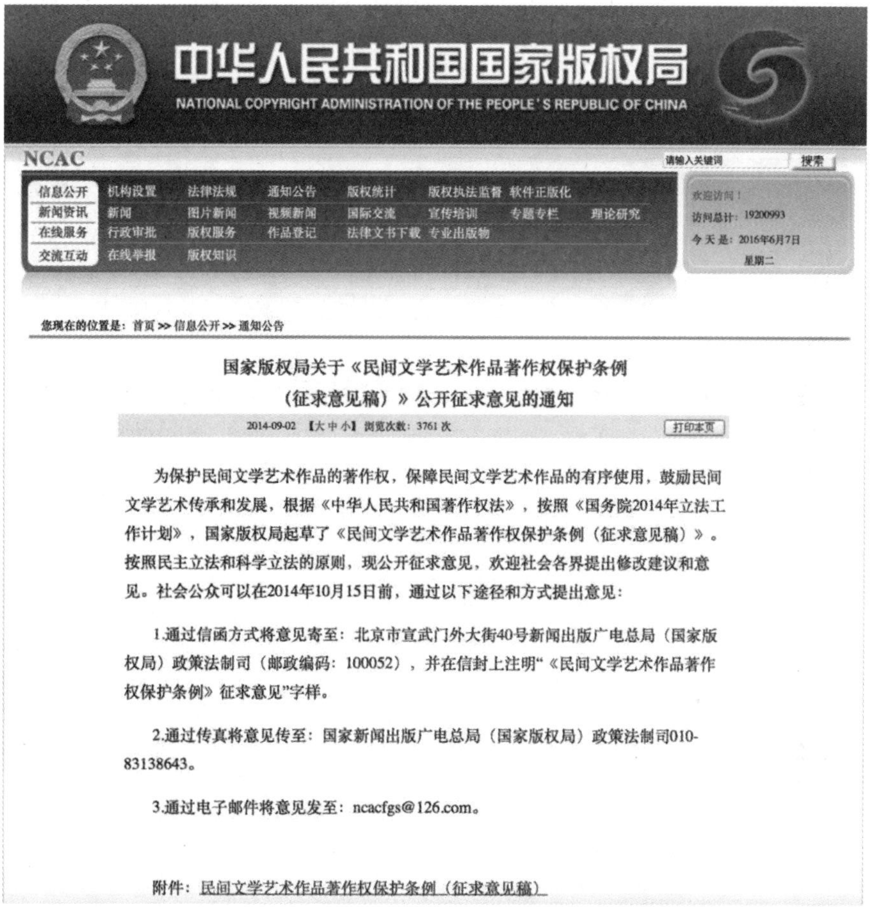
中华人民共和国国家版权局
NATIONAL COPYRIGHT ADMINISTRATION OF THE PEOPLE'S REPUBLIC OF CHINA
NCAC
请输入关键词　搜索
信息公开　机构设置　法律法规　通知公告　版权统计　版权执法监督　软件正版化
新闻资讯　新闻　图片新闻　视频新闻　国际交流　宣传培训　专题专栏　理论研究
在线服务　行政审批　版权服务　作品登记　法律文书下载　专业出版物
交流互动　在线举报　版权知识
欢迎访问！
访问总计：19200993
今天是：2016年6月7日
星期二
您现在的位置是：首页 >> 信息公开 >> 通知公告

国家版权局关于《民间文学艺术作品著作权保护条例（征求意见稿）》公开征求意见的通知

2014-09-02　【大 中 小】浏览次数：3761 次　打印本页

为保护民间文学艺术作品的著作权，保障民间文学艺术作品的有序使用，鼓励民间文学艺术传承和发展，根据《中华人民共和国著作权法》，按照《国务院2014年立法工作计划》，国家版权局起草了《民间文学艺术作品著作权保护条例（征求意见稿）》。按照民主立法和科学立法的原则，现公开征求意见，欢迎社会各界提出修改建议和意见。社会公众可以在2014年10月15日前，通过以下途径和方式提出意见：

1.通过信函方式将意见寄至：北京市宣武门外大街40号新闻出版广电总局（国家版权局）政策法制司（邮政编码：100052），并在信封上注明“《民间文学艺术作品著作权保护条例》征求意见”字样。

2.通过传真将意见传至：国家新闻出版广电总局（国家版权局）政策法制司010-83138643。

3.通过电子邮件将意见发至：ncacfgs@126.com。

附件：民间文学艺术作品著作权保护条例（征求意见稿）

图 2-9　国家版权局官网关于法律法规征求意见的通知

六、国家广播电视总局政策法制司

上文介绍国家版权局时提及，原新闻出版总署和国家版权局是“一个机构、两块牌子”。国家新闻出版广电总局的职能包括：起草相关法律法规草案，制定部门规章、政策、行业标准等。[①] 具体负责这一立法职能的是其内设的“政策法制司”，研究起草相关政策、法律法规草案和规章，承担规范性文件的合法性审查工作等工作。[②] 遗憾的是，本书写作时除了广电总局的局长以及党组成员的信息之外，无法查到相关工作人员的信息，也没有查到有关起草相关法律法规的具体程序。

但是原广电总局的官网上不仅有分类明确的法律、法规相关信息，还设有专门的互动交流页面，公开相关法律法规征求意见稿的征求意见。

图 2-10　原国家新闻出版广电总局政策法规查询页面

① 见原国家新闻出版广电总局官网，http：//www.sapprft.gov.cn/sapprft/govpublic/6595/279653.shtml，初次访问 2016 年 6 月。2018 年 10 月 23 日，国家广播电视总局政府网站 www.nrta.gov.cn 上线，原网站作为旧站保留，相关办事系统仍正常运行。

② 见原国家新闻出版广电总局官网内设机构，http：//www.sapprft.gov.cn/sapprft/govpublic/6642/282549.shtml，以及国家广播电视总局官网，《国家广播电视总局职能配置、内设机构和人员编制规定》第四条第二款，http：//www.nrta.gov.cn/col/col2013/index.html。

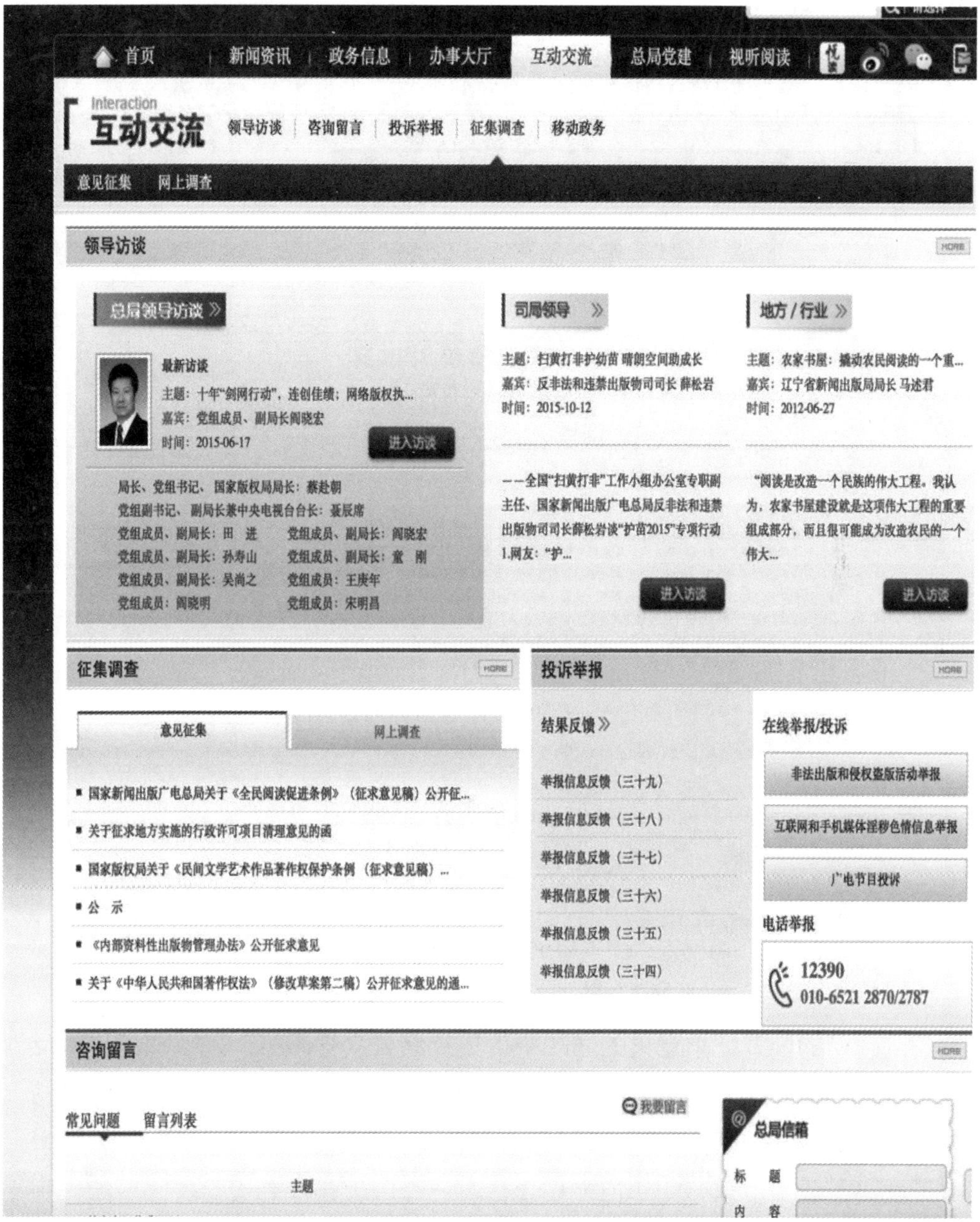

图 2-11　原国家新闻出版广电总局互动交流页面

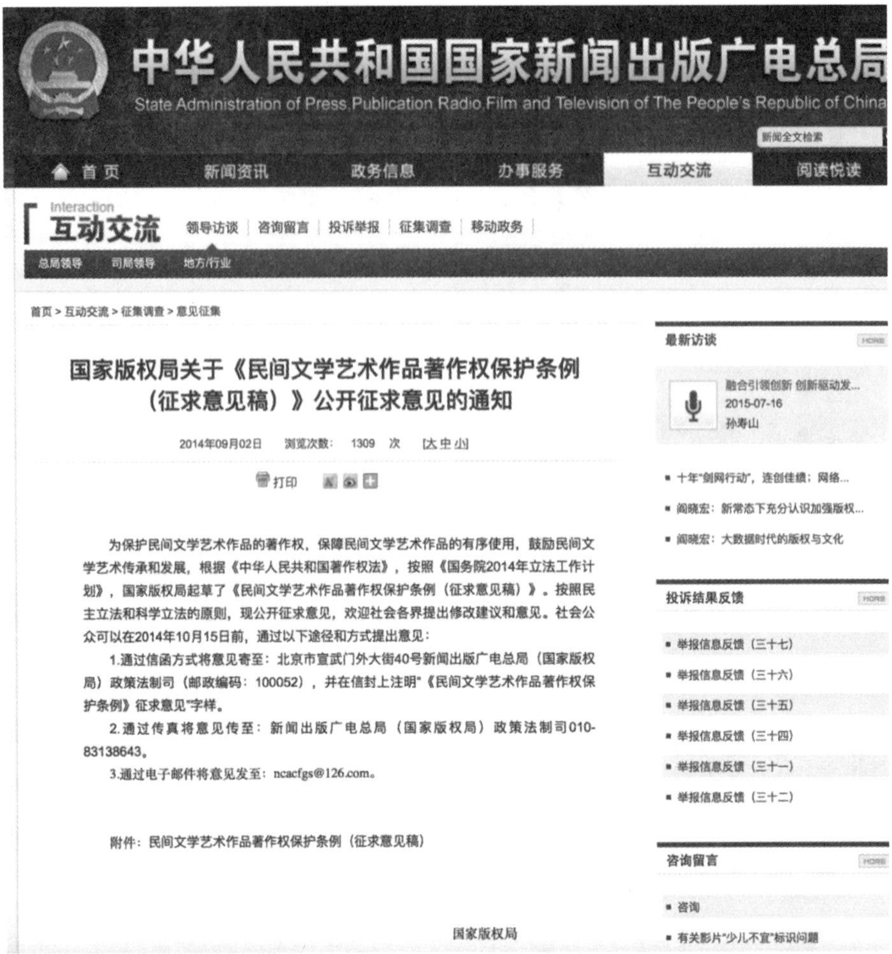

图 2-12　原国家新闻出版广电总局关于政策法规征求意见的通知

从官网的公开征求意见的通知中可见社会公众提出修改建议和意见并反馈的途径、广电总局政策法制司的正式工作邮件、电话、电子邮件等联系方式。可见广电总局所涉及的相关的立法的公众参与也是通过“征求意见”的方式进行。

综上，我国最重要的知识产权主体有：全国人民代表大会、国务院、国家工商行政管理总局、国家知识产权局、国家版权局、国家广播电视总局（原国家新闻出版广电总局、原新闻出版总署）。从立法数量上看后四个主体为最主要的立法主体。从官网公开的立法信息看，国家工商行政管理总局的“规章草案征集系统”、国家知识产权局、国家版权局、国家广播电视总局的“法律法规公开征求意见”的相关设计已经体现了一定程度的立法的公众参与。

第三节 立法过程分析

按照《立法法》中有关法律位阶的划分标准，我国基本法律中与知识产权内容相关的有：《民法总则》第五章第123条。《民法通则》第四章关于民事权利中第三部分关于知识产权、人身权问题（第133至138条）。《刑法》相关内容，即第二编分则第三章破坏社会主义市场经济秩序罪第七节侵犯知识产权罪（第213至220条）。《合同法》相关内容，即第十八章技术合同第一节一般规定（第322至329条）、第二节技术开发合同（第330至341条）、第三节技术转让合同（第342至355条）以及第四节技术咨询合同和技术服务合同（第356至364条）。《刑法》中关于"侵犯知识产权罪"一部分的起草过程和主要起草者，以及《合同法》中关于"技术合同"一章的起草过程和主要起草者，在本书写作时没有从网络公开的资源上查找到相关信息。由于刑法的起草主要由刑法领域专家主导，技术合同方面的规定仅是类别上涉及知识产权有关"专利""技术"等内容，主要仍以合同是否有效、能否履行等方面为主，主导专家是合同法专家。本节将对以《民法通则》、著作权法、专利法、商标法等有关知识产权的基本法律的立法（包括修改法律）过程为例进行分析。

一、有关知识产权的基本法律①

1986年《民法通则》第五章第三节集中而概括地描述了知识产权基本制度。②

① 本节以《民法通则》为例。2017年3月15日全国人大通过《民法总则》。《民法总则》在第123条规定知识产权相关内容。对比《民法通则》，《民法总则》中新增内容为商业秘密、集成电路布图设计、植物新品种等部分。《民法总则》通过后，《民法通则》暂不废止，如果有规定不一致的内容，适用《民法总则》。

② 内容为著作权、商标权、专利权及其他科技成果权的列举性、宣示性条款，无其他实体性规定内容。参看吴汉东：《知识产权立法体例与民法典编纂》，《中国法学》2003年第1期，第48～58页。

本节以《民法通则》为例，通过分析《民法通则》的制定过程试图发现我国基本法律中与知识产权相关内容的立法主导者。

从现已搜集到的资料来看，官方立法主导主体是全国人大常委会法工委，参与主体包括部分民法学者和有关政府部门的人员、法律专家、法律院系、研究单位、各级人民法院民庭、经济庭负责干部、各级人大常委会有关负责同志、在京的经济法专家等。① 据有关记载，《民法通则》的制定过程，参与人数超过180人。② 据已经查到的公开资料显示，起草专家、学者包括佟柔（中国人民大学）、江平（中国政法大学）、王家福（中国社会科学院法学研究所）、魏振瀛（北京大学）、王利明（中国人民大学）、金平（西南政法大学）等教授。③ 其中王利明、江平和魏振瀛教授对起草《民法通则》过程的回顾有文字记录。④ 所查询到的现有文献中，都没有对法律起草和制定的其他主要影响人以及立法过程专门而详细的记载。⑤

现有资料显示，全国人大法工委民法室先提出宏观方面的内容，包括公民、法人、民事法律行为、代理、民事权利、民事责任、时效等八个方面。之后组织召开草案的起草预备会议，形成征求意见稿之后，经过广泛征求意见和多次修改，《民法通则》成形并在全国人大正式通过。⑥《民法通则》的草案是根据时任中国社会科学院民法经济法研究室主任王家福先生组织全室研究人员完成的《关于制定民法典的研究报告》启动。之后在全国人大常委会法制委员会组织从各个大学抽调的民法老师和实际部门的专家组成，成立民法起草小组。⑦ 民法起

---

① 关于《民法通则》草案起草的过程，参看王汉斌：《关于〈中华人民共和国民法通则（草案）〉的说明—— 1986 年 4 月 2 日在第六届全国人民代表大会第四次会议上》，http：//www.npc.gov.cn/npc/lfzt/rlys/2014-10/24/content_1882694.htm。

② 参看王汉斌：《关于〈中华人民共和国民法通则（草案）〉的说明—— 1986 年 4 月 2 日在第六届全国人民代表大会第四次会议上》，http：//www.npc.gov.cn/npc/lfzt/rlys/2014-10/24/content_1882694.htm。

③ 参看张维炜：《亲历者回忆民法通则制定过程：90% 的条文改动过》，http：//www.chinanews.com/fz/2013/07-29/5095070.shtml。

④ 参看魏振瀛：《参加〈民法通则〉起草的片断回顾》，http：//article.chinalawinfo.com/ArticleHtml/Article_33015.shtml，王利明：《亲历民法通则的制定》，《光明日报》2011 年 03 月 07 日 10 版，http：//epaper.gmw.cn/gmrb/html/2011-03/07/nw.D110000gmrb_20110307_1-10.htm？ div=-1，江平:《民法通则的适用范围及其效力》，《法学研究》1986 年第 3 期，第 1 ～ 6 页。

⑤ 可查明的《民法通则》制定的过程记录参看王利明：《亲历民法通则的制定》，中国人大网 2011-04-15，http：//www.npc.gov.cn/npc/zgrdzz/2011-04/15/content_1668425.htm，张维炜：《亲历者回忆民法通则制定过程：90% 的条文改动过》，http：//www.chinanews.com/fz/2013/07-29/5095070.shtml。

⑥ 参看孙琬钟、杨振山:《一部历史性的基本法律——纪念〈民法通则〉实施十周年》，《中国法学》1997 年第 1 期，第 3 页。

⑦ 参看梁慧星：《关于民法典编纂问题》，中国法学网，http：//www.iolaw.org.cn/showArticle.aspx？ id=4200。

草小组于 1980 年 8 月到 1982 年 5 月完成《中华人民共和国民法草案（征求意见稿）》的第一至第四稿。

根据现有的资料，无法完全复原 1979 年至 1982 年参与四次民法草案制定和修正过程的各大学的民法老师以及实际部门的专家的确切人数和姓名，根据公开资料查到的参与者有陈汉章（1925—2011，中国社会科学院法学研究所）、余能斌（武汉大学）、李由义（北京大学）①、佟柔（中国人民大学）、江平（中国政法大学）、王家福（中国社会科学院法学研究所）、魏振瀛（北京大学）、王利明（中国人民大学）、金平（西南政法大学）。②

综合目前的相关立法回忆，能查到姓名记载的专家人数为个位数。③根据十数年后重启民法典编纂的过程的回忆文献记载可见九名专家姓名。④当时的民法起草工作小组委托北京大学、中国政法大学、人民大学和社科院法学所这四个单位设计民法典草案。最后形成了人大方案（王利明教授为主导设计），法大方案［杨振山（1937—2004，中国政法大学）教授主导设计］，以及社科院法学所方案（梁慧星教授主导设计）。之后加入了郑成思（中国社会科学院法学研究所）和巫昌祯（中国政法大学）两位教授，以及唐德华和费宗祎两位最高人民法院工作人员。⑤从现有公开的资料复原《民法通则》的制定过程可见，主要主导者是少数民法学者，而其中第四章关于知识产权的部分，则主要是在一位民法学者的主导下完成。

分析公开显示的资料可知，以上学者中，陈汉章主要研究领域为民法基础理论以及人身权；余能斌主要研究领域为民法理论以及合同法；李由义主要研究领域为民法理论；佟柔主要研究领域为民法理论以及继承法；江平由于参与

---

① 参看《在人大法制委员会对高锴的采访》，http：//chujiahua123.blog.sohu.com/281095438.html。

② 参看梁慧星《民权法治之路的里程碑——新中国第三次民法起草亲历记》，《人民政协报》，http：//www.hybsl.cn/beijingcankao/beijingfenxi/2014-11-07/49174.html，金平、江平、魏振瀛、余能斌：《“中国民法典论坛”第五场——新中国民法起草五十年回顾》，《法大民商经济法律网 CCELAWS.COM 高峰对话》，http：//article.chinalawinfo.com/ArticleHtml/Article_28231.shtml，张维炜：《亲历者回忆民法通则制定过程：90% 的条文改动过》，http：//www.chinanews.com/fz/2013/07-29/5095070.shtml。

③ 金平、江平、魏振瀛、余能斌：《“中国民法典论坛”第五场——新中国民法起草五十年回顾》，《法大民商经济法律网 CCELAWS.COM 高峰对话》，http：//article.chinalawinfo.com/ArticleHtml/Article_28231.shtml。

④ 包括江平、王家福、王保树（1940—2015，清华大学）、梁慧星、王利明、魏振瀛六位教授。参看梁慧星：《关于民法典编纂问题》，中国法学网，http：//www.iolaw.org.cn/showArticle.aspx？ id=4200。

⑤ 总则、债总和合同等部分起草，由梁慧星教授负责；知识产权部分，由郑成思教授负责；其他部分由巫昌桢、王利明、唐德华、费宗祎等负责。

了《民法通则》《行政诉讼法》《合同法》《公司法》《信托法》《物权法》多部法律的起草，研究领域较广，而且应当认为他的研究领域涵盖立法；王家福主要研究领域涵盖专利法、涉外经贸法、土地法、经济法以及物权中的海域物权等领域；魏振瀛的主要研究领域是民法理论；王利明的主要研究领域是民法理论、人格权法、侵权行为法、物权法；金平的主要研究领域是民法理论；王保树主要研究领域是合同法、经济法和商事法；梁慧星的主要研究领域是民法理论、合同法、物权法、民法解释学；杨振山主要研究领域是民法理论，债法；郑成思主要研究领域是知识产权；巫昌祯主要研究领域是婚姻法、妇女权益保障法，以上教授中唯一的女性。在《民法通则》制定时，以上主导学者中仅有王家福教授的研究领域涉及知识产权法的部分（专利法）。在后来的民法典征求意见稿的形成过程中，主导学者中也仅郑成思一位教授专攻知识产权法。可见，我国基本法律中现有的有关知识产权内容的主要起草者，只参与了极少数对知识产权制度全面且专门研究的学者。

二、有关知识产权的普通法律

本节将分别对《著作权法》《商标法》《专利法》《烟草专卖法》的相关内容和《农业法》相关内容这几部位于《立法法》中“普通法律”位阶的法律的立法过程进行分析。

1.《著作权法》立法

通过对中国知网数据库主题搜索关键词“著作权法”（空格）加“立法”得到两千余条结果的初步分析，现有的研究中大部分是关于我国著作权法中的具体某项制度的立法理由、历史变迁、修改建议的研究。[①] 仅有极少数论文从立法学视角讨论著作权法的立法进展、立法宗旨、立法体例、立法基础、立法方法和内容安排，以及科学立法的问题。

我国著作权法的立法背景，呈现从被动地应对世贸组织的要求到主动面对国内新发展的变化过程。[②] 我国著作权法立法的特点在于立法、修法进程慢以及

① 搜索和分析时间：2016 年 5 月 11 日，2018 年 12 月 3 日。

② 参看吴汉东：《著作权法第三次修改草案的立法方法和内容安排》，《知识产权》2012 年第 5 期，第 13 页。

立法、修法动机相对被动，历经了十数年的起草和二十余次的修改，与其他法律草案相比著作权法立法、修改具有复杂性，以及调整的关系广，审议时间长等特点。① 以第三次修法为例，就立法参与主体而言，是由国家版权局主导成立专门的修法领导小组，但同时采取跨领域、多部门共同参与修法的组织领导形式。立法过程中充分听取各方面意见，三十余名各方代表组成的专家委员会。在该法的修订过程中，还多次以书面形式以及互联网公开方式征求社会各界的意见。② 许多企业已经成为著作权立法的重要参与人，通过立法游说等手段来推进著作权立法。③ 除此之外，还召开了十余次定向征求意见座谈会，因此不同的利益主体和社会各界代表能够参与到修法工作中：有数据统计来自社会各界的意见和建议一千八百多份。④ 其中截至 2012 年 5 月，国家版权局和原新闻出版总署网站收到相关意见和建议一千五百余份，并且国家版权局和原新闻出版总署网站对征求意见的浏览量统计超过两万四千人次，百度相关搜索超过一百四十万条。⑤ 也因此，著作权法第三次修法被称为是“开门立法”的典范。⑥

《著作权法》的第三次修改过程中体现了多方的利益平衡。⑦ 立法过程体现了各部门、研究所、相关利益人和社会团体的参与。著作权法的相关利益平衡原则与参与理论（PT）对各方参与立法的要求相一致。但著作权法的修改与完善仍需涵盖更多主体，应该基于具体的社会实践，应当进行现实的科学论证。⑧ 遗憾的是，除上文列举的“三十余名”等数字之外，从现有的资料无法查找到具体影响立法进程的核心人物的信息。

---

① 参看金眉、张中秋：《中国著作权立法史述论》，《法律评论》1994 年第 2 期，第 82 页。

② 王自强：《从著作权法的第三次修改谈科学立法》，《中国版权》2013 年第 6 期，第 5 ～ 6 页。参看新闻出版总署：《“利益平衡”是著作权立法的基本精神》，http：//news.xinhuanet.com/politics/2012-05/18/c_123153721.htm，2016 年 5 月 16 日访问。

③ 参看吴汉东：《著作权法第三次修改草案的立法方法和内容安排》，《知识产权》2012 年第 5 期，第 13 页。

④ 参看王自强：《从著作权法的第三次修改谈科学立法》，《中国版权》2013 年第 6 期，第 5 ～ 6 页。参看新闻出版总署：《“利益平衡”是著作权立法的基本精神》，http：//news.xinhuanet.com/politics/2012-05/18/c_123153721.htm，2016 年 5 月 16 日访问。

⑤ 参看秦珂：《基于立法视角的古籍整理著作权问题分析——关于〈著作权法〉第三次修改的思考》，《图书馆理论与实践》2013 年第 3 期，第 5 页。

⑥ 参看张贺：《专家谈著作权修法：过于倾斜权利人也不合适》，http：//culture.people.com.cn/n/2012/0709/c346160-18477735.html，2016 年 5 月 16 日访问。

⑦ 参看柳斌杰：《在“〈著作权法〉第三次修订启动会议”上的讲话：〈著作权法〉修订要面向时代、面向世界、面向未来》，http：//wo.gmw.cn/gmrb/html/2011-07/25/content_53423.htm？ div=-1，2016 年 5 月 16 日访问。

⑧ 参看王自强：《从著作权法的第三次修改谈科学立法》，《中国版权》2013 年第 6 期，第 5 页。

2.《商标法》立法

通过对中国知网数据库主题搜索关键词“商标法”（空格）加“立法”得到一千余条结果的初步分析，现有的研究中大部分是关于我国商标法三次修订文稿中的具体某项制度的立法背景、立法宗旨、历史变迁、条文内容等方面的研究。[①]目前所查到的文献中，有少量文献对我国《商标法》的参与主体有数据统计。[②]例如国务院法制办教科文卫司处长金武卫和副处长何平，中国政法大学冯晓青教授等人分别撰文谈及《商标法》的立法背景、价值定位和立法宗旨。[③]其他相关论文则主要讨论的是《商标法》修订前后内容的改变以及制度创新、适用社会新发展新变化等方面的问题。[④]除此之外，鲜有论文从立法学视角讨论商标法的立法过程、主导人物以及影响团体等方面的内容。相对于《著作权法》的相关研究，《商标法》的立法过程和影响人物方面的资料更为匮乏。

我国《商标法》的立法背景是在旧规则（即1963年《商标管理条例》）不能适应时代发展需要的情况下，由工商行政管理总局在20世纪70年代末恢复了全国商标统一注册制度，组织起草《商标法》。当时的工商行政管理总局局长魏今非和商标局长马冠群同志率团赴日本考察相关法律制度。之后商标局和社科院组织翻译了十几个国家的商标法和相关国际条约。除了商标局和社科院之外，参与商标法草案起草和协商的单位组织包括：全国人大法制委员会、国务院法制局、最高人民法院、外交部、社科院法学所、国务院相关部委和全国工商系统等。经过三年的准备工作，《商标法》草案于1982年全国人大第五次会议通过，成为我国知识产权法律体系中的第一部法律。

之后，《商标法》经历了三次修订。20世纪90年代初，《商标法》第一次修正案的出现主要是基于我国与美国协商达成的《谅解备忘录》中我国作出的对商标权加以保护的承诺。《商标法》的第二次修订是为了满足我国加入世贸组织的要求，以保证相关法律与TRIPS协议的规定接轨。2013年，《商标法》进

① 搜索和分析时间：2016年5月11日，2018年12月3日。

② 例如吴汉东、王超政：《中国发展大局中的商标法修改》，《中国工商管理研究》2013年第2期，http：//www.cssn.cn/fx/fx_zscqfx/201310/t20131023_464409.shtml。

③ 参看金武卫：《商标法第三次修改回顾与总结》，《知识产权》2013年第10期，第3～12页。何平：《商标法第三次修改简述》，《中华商标》2013年第10期，第11～16页。参看冯晓青：《商标法第三次修改若干问题探讨》，《中华商标》2007年第4期，http：//www.fengxiaoqingip.com/lunwen/20070527/1388.html。

④ 例如王莲峰：《我国商标法名称的修改与选择》，《政治与法律》2010年第1期，第2～11页。邓宏光：《从公法到私法：我国商标法的应然转向——以我国商标法第三次修订为背景》，《知识产权》2010年第5期，第24～31页。

入第三次修订程序，而与第一次和第二次修订的背景不同，这次修改是为了适应国内外发展的需求，我国立法机关对商标法主动进行的修改安排。[①] 第三次修改《商标法》实际上历经了十年的准备工作。国家工商总局于 2003 年就启动了修改工作，《商标法（修订送审稿）》于七年后正式报国务院审议并被发送到 62 个中央单位、32 个地方政府、10 家人民法院、15 家知名企业、7 个国内外协会的 14 位专家学者以及世界知识产权组织、美国专利商标局、欧盟商标局、日本特许厅等共 144 个单位征求意见。据统计，截至 2010 年 5 月底，共收到回复意见 119 份，初步汇总意见共计 15 万余字。[②] 可见，《商标法》的第三次修订过程经过了较长时间的调研论证，征求了众多单位和组织的意见，立法过程中有较广泛的参与主体，并获得积极的反馈。但现有的公开资料无法获得 14 位专家学者的具体名单。[③] 其他参与主体也多为国内外政府部门，相关的利益团体例如企业只涉及 15 家知名企业，从现有的资料并没有查到数量众多的普通企业和个人参与到商标法立法过程中。

3.《专利法》立法

我国《专利法》自 1985 年实施以来，经过了 1992 年、2000 年和 2008 年的三次修改，现在进入了第四次修改阶段。[④] 国家知识产权局于 2012 年公布了第四次专利法修改草案（征求意见稿）和修改说明，向社会公开征求意见。2013 年 1 月，国家知识产权局向国务院提交了《专利法修订草案（送审稿）》，一年后国家知识产权局启动了全面修改专利法的研究工作，次年春天公布了《专利法修改草案（征求意见稿）》。2018 年年底，专利法第四次修正案草案经国务院常务会议通过，《专利法》草案有望于 2019 年获得全国人大会议通过。[⑤]

通过对中国知网数据库主题搜索关键词“专利法”（空格）加“立法”得到一千余条结果的初步分析，现有的研究中大部分是关于我国商标法几次修订文稿中的具体某项制度的立法背景、立法宗旨、价值趋向、条文内容的具体修改

---

① 参看张玉敏：《知识产权法制三十年》，《法学杂志》2009 年第 2 期，第 7 页。

② 参看吴汉东、王超政：《中国发展大局中的商标法修改》，《中国工商管理研究》2013 年第 2 期，http：//www.cssn.cn/fx/fx_zscqfx/201310/t20131023_464409.shtml。

③ 只能查找到部分成员名单，如前中华商标协会副秘书长汪泽，商标局总局吕志华副局长。

④ 本章写作时间为 2017—2018 年。

⑤ 参看尹新天：《新中国的专利法从无到有》，国务院新闻办公室，http：//www.scio.gov.cn/xwfbh/xwbfbh/wqfbh/37601/39412/zy39416/Document/1643318/1643318.htm，2018 年 12 月 20 日访问。

等方面的研究。① 但当前的研究鲜有对立法的具体过程、影响人物和群体等方面的介绍和研究。仅有两篇论文涉及专利法第二次和第三修改的过程。其中一篇是署名国知局（国家知识产权局）的关于专利法第二次修改过程的介绍，另一篇是郭禾关于专利法的第三次修改的评述。

从现有的资料来看，我国专利法（尤其是第三次）的修改，较注重多部门、多主体参与协商。20 世纪末，国家知识产权局组织十数次召集地方专利管理机关、国务院有关部委、知识产权界有关专家学者、专利代理机构以及国家知识产权局等有关部门进行专利法修改征求意见座谈会。在草案修改过程中，国家知识产权局广泛听取各方面的修改意见：收到了来自 18 个省市的专利管理机关、18 个部委、15 个专利代理机构、15 个科研单位及企业、国家知识产权局内部 8 个部门、多个专家学者提交的书面意见。国务院法制办教科文卫司在对修改意见进行审议时，听取各机构对专利法修改的意见，到专利管理机关如国家知识产权局和北京市专利管理机关、专利研究机构和事务所包括中石化集团化工研究所、北京市三友专利代理公司以及北京市专利事务所等机构进行调研。之后，国务院法制办与国家知识产权局组织联合调查组，赴经济较发达的南方城市如广州、深圳等地，召开座谈会，广泛听取当地立法机关、政府机关、专利管理机关、法院、企业、科研单位以及专利代理机构的相关意见。之后，在 2000 年召开的专利法修正案座谈会上，10 个省市的省人大和专利管理机关以及有关专家学者共 30 余人参加会议。② 专利法的第三次修改设计了 18 个专题研究项目，完成了长达 260 万字的 40 个专题研究报告。专利法修法过程体现了一定的公众参与立法：首次采用了公开招标的形式，面向全国高校和科研机构、国家机关和中介机构发布课题，选定专家对选题进行研究。其次，专利法的送审稿是在网络上公开发布并向全社会征求意见和建议。不仅如此，立法者（国家知识产权局、国务院法制办和全国人大）以召开各类研讨会、座谈会（如专利代理机构、律师事务所、企业等）进行座谈的形式，广泛纳入国内外各方对专利法修订的

---

① 相关专利法修改过程的论文如冯晓青：《试论我国新专利法的修改背景、总体精神与立法宗旨》，《天津市政法管理干部学院学报》2001 年第 3 期，第 3 ～ 7 页。李红娟：《专利法第四次修改（征求意见稿）的理论分析——以加强侵权保护为视角》，《中国政法大学学报》2013 年第 6 期，第 100 ～ 107 页。马宁：《从专利法三次修改谈中国专利立法价值趋向的变化》，《知识产权》2009 年第 9 期，第 69 ～ 74 页。冯晓青：《我国专利法的修改与完善研究》，《岳麓法学评论》2001 年第 2 期，第 175 ～ 196 页。

② 参看国知局：《中国专利法第二次修改的背景及过程》，《知识产权》2000 年第 5 期，第 3 ～ 5 页。

意见。立法者还以书面征求意见函的形式向各级行政部门、司法机关、地方专利管理机关、中外企业、专利代理机构、科研单位和专家学者征求意见。[①]

在专利法的修改过程中，立法者已经注意到尽可能广泛地听取各方代表的意见，立法过程体现了较明确的公众参与设计。不足之处在于，对于专利制度影响最普遍的企业和个人如何通过立法表达自己的利益诉求，并未显示在现有的立法过程的设计中。

4.《烟草专卖法》和《农业法》相关内容的立法

《烟草专卖法》中与知识产权相关的内容是第二十条、二十一条、三十六条和三十七条这四条关于商标注册、标识印制的规定以及违反这两条的制裁措施的规定。《农业法》中与知识产权相关的内容是第二十三条关于认证和标志制度以及第四十九条发展农业科技这两条的内容。从现有的资料并没有查找到草拟这些具体条款的起草人（或组织、单位）的信息。

5. 总结

综上所述，相比于基本法律《民法通则》中知识产权部分的制定过程，《著作权法》《商标法》和《专利法》这三部普通法律的修订过程体现了更广泛的专家和其他利益主体的参与，涉及主体包括各相关部门、权利人组织、产业界、实务界、社会团体以及科研院所等。从现有资料看来，不足之处在于，虽然立法主体和参与人广泛，但《商标法》的立法过程中普通企业和个人的参与渠道有限；《专利法》的立法过程中也未设计普通企业和个人的参与渠道。

通过上述对我国有关知识产权的基本法律和普通法律的立法过程和立法主体的分析可见，我国知识产权法国内立法的参与主体包括部分学者和有关政府部门的人员、法律专家、法律院系、研究单位、各级人民法院民庭、经济庭负责干部、各级人大常委会有关负责同志、在京的经济法专家、产业界和相关利益方等多种主体参与。除《民法通则》的修订过程能够查找到少数核心影响专家的姓名和知识背景，从网络公开信息中无法查找到其他相关法律的修订过程的立法者信息。最重要的知识产权立法主体如全国人大常委会法制工作委员会、国务院法制办公室、国家工商行政管理总局法规司、国家知识产权局条法司、国家版权局版权管理司、国家广播电视总局（原国家新闻出版广电总局、原新

---

① 参看郭禾：《创新是社会进步的根本动力——专利法第三次修订评述》，《电子知识产权》2009 年第 3 期，第 11 ～ 15 页。

闻出版总署）政策法制司的工作人员都成为隐形的立法者，相关具体立法流程等内容在网络公开信息上也尚未公布。本书认为，对于重要立法的主要决策者、参与者、影响者的教育、业务背景等信息的宜公开，以及各立法单位的具体立法程序的宜公开。这些信息应当作为立法信息公开的必要内容。

目前我国知识产权相关法律的立法公众参与方式主要是通过立法主体向社会公众发布相关法律法规草案修订的征求意见的通知的方式完成。在征求意见的通知上，立法主体将修订的法律法规的内容、公众参与提出建议和意见的途径、将信息反馈给立法主体的方式（电话、电邮、邮件）予以公布，形式上立法主体的牵引、主导性更明显，公众参与较为被动。在国际知识产权立法领域，发达国家中有越来越多私人部门和非政府组织参与，形成了私人与公共共治的局面。[①] 但相对于发达国家公众参与较为活跃的知识产权国际立法领域，我国的私人部门和非政府组织、普通企业和个人的参与极为有限。[②] 因此，无论是国内立法层面还是国际立法层面，我国知识产权立法程序均宜增加透明度，公开相关重要信息，设立以及拓宽其他参与主体（如普通企业、行业协会和个人）参与立法的渠道。

---

① 自 GATT 回合谈判时起，知识产权私人部门在知识产权国际立法中发挥巨大作用。在 TRIPS 协议生效后，许多非政府组织也参与国际立法中。参看王太平、熊琦：《论知识产权国际立法的后 TRIPS 发展》，《环球法律评论》2009 年第 5 期，第 134 ～ 141 页。

② 参看马一德：《创新驱动发展与知识产权战略实施》，《中国法学》2013 年第 4 期，第 27 ～ 38 页。

第三章
法理学视角下的知产权立法解释

如果从知识产权的权利属性开始研究，可以追溯到古希腊自然法理念以及中世纪经院哲学中关于自然法与人法关系的理论，探讨知识的本质、知识产品的财产属性、创作的社会意义等问题。例如泰阿泰德定义下知识就是感觉。而苏格拉底则辩驳说知识必定是某种异于感觉的东西。[①]认识只是记忆，“学到知识不过是找到我们原有的知识”。[②]在这类观念中，知识是人们能够共同体验（感觉经验）或认识（理性发现）的东西，与其说是个体创作出了知识产品，不如说是个体表现出某种众所周知的东西，因此在古希腊哲学观念下的知识产品的本质属性是公共产品，但只有精英、专家、哲学家能够准确地把它表达出来，众人只是模仿和接受（那些本应存在于他们记忆中却不被他们理性认识的东西)。但研究知识产权立法问题，则应当从近代功利主义法学渊源开始。知识产品的公共属性已经随着近代国家的形成逐渐让步于私有属性，与之相对应的，是不再认为知识是天赋的观念，而是更加强调后天（社会、文化、教育）的获取。[③]在这种观念下，由于知识是可获取、可继承、可传递的，可以具体化的(知识产品)，所以它也可以并且应当有具体的价值。知识产权也与近代以来科技的发展紧密联系，知识的成果（fruit of knowledge）不再仅限于被发现的感觉、被表现出的经验、被认识的理性，而是迁移为智力活动的产品（财产权利）(intellectual property)。智力活动的成果被法律确立为私有财产被保护，人类共有的创作本能通过财产形式被私有化保护，这与近代以来各民族国家通过效用（utility）机制促进共同体发展的历史息息相关。美国经济学家道格拉斯 · G. 诺思通过大量实证分析后指出，近代以来欧洲各民族之间出现不同增长率的原因可以从每个国家建立的产权的性质中找到，他在《经济史中的结构与变迁》一书中指出:在这两个成功的国家里（指最早进行产权改革的荷兰、英国)，所建立的产权激励人们更有效地使用资源,并把资源投入发明与创新活动之中。[④]这一根本变迁也与产权理论从实物到权利、从有形到无形、从人与物的关系到

---

① 中译文见柏拉图 :《泰阿泰德》,《柏拉图全集》第二卷，王晓朝译，人民出版社 2003 年版。Plato. Theatetus，trans. F.M. Cornford，reprinted in The Collected Dialogues of Plato，ed. Edith Hamilton and Huntington Cairnes, Bollingen Series，Princeton University Press，1980，p.61。

② 柏拉图 :《斐多》，杨绛译注版，生活 · 读书 · 新知三联书店 2012 年版，第 32、34 页。

③ 最著名的如约翰 · 洛克的白板理论，即他最著名的认识论概念 : 心灵的白板（tabula rasa)。John Locke，An Essay Concerning Human Understanding. ed, A.C. Fraser. Oxford: Clarendon Press, 1894。中译文见洛克:《人类理解论(上册)》，关文运译，商务印书馆 1983 年版，第 6 ～ 8 页。

④ 参看高德步 :《产权与增长 : 论法律制度的效率》，中国人民大学出版社 1999 年版，第 93 ～ 95 页。

人与人的关系的转变一脉相承。[①]

我国当代的知识产权立法体现了功利主义的观念，也能够用目的法学的理论以及利益法学中有关利益平衡的理论进行解释。本书认为，这三种理论有内在一致的脉络：它们均指向“法的目的”解释。知识产权立法活动的目的和其他法律创造活动的目的一样指向未来，整合和分配资源，平衡以及促进权利人以及社会整体的利益。功利主义法学、目的法学和利益法学这三种理论实际上互相关联，有内在一贯的理路：功利主义法学认为，通过创设和保护知识产权以增进社会福利。目的法学认为，知识产权立法的目的包括直接目的（即保护具体知识产权人的权利）和最终目的（即整个社会对知识产品的有效利用）。目的论是对功利主义思想的具体化表达，立法的目的指向功利主义所强调的最大多数人的最大利益。利益法学则是对功利主义法学、目的法学的进一步发展。利益法学用“利益”替换功利主义学说中的“福利”或“幸福”等概念，相较于功利主义法学而言增加了更客观且具体化的考量标准。利益法学认为，只有通过调整不同层次的利益，才能实现均衡（即立法的最终目的），利益均衡即是实现整个社会的最大福利。值得注意的是，以上三种学说下的“法的目的”解释均为一元论的解释，在面对复杂多变的真实生活时难免沦为教义论。我国当代知识产权立法更重要的是体现了实用主义策略。它继承了功利主义的核心内容，强调效用的真理观，考虑法律在社会运行中的实际效果，解决实际问题是它最重要的考量标准。实用主义学说则能随时代发展提供灵活的解释，其多元选择策略能为未来知识产权法所面临的不确定性难题提供新的解决思路。

---

① 强调财产的权利属性，而非实物属性，在现代法学家和经济学家的认识上达成共识。例如现代产权理论的开山鼻祖科斯在其经典著作《社会成本问题》中提出用权利（而非实物）理解产权。德姆塞茨也指出产权就是指示自己或他人受损或受益的权利。阿尔钦认为，产权是人们在稀缺资源条件下使用资源的适当规则，是授予个人某种权威的办法。产权因此不是反映人与物的关系，而是人与人的关系。参看谢地等主编：《法经济学》，科学出版社 2009 年版，第 140 页。

第一节 从功利主义到利益法学

对知识（产品）赋权可以解释为是为了更好地促进交易，进而促进经济。功利主义、分析实证主义、社会法学、法律现实主义、复兴的自然学法、后现代主义法学等不同的法学流派，都为近现代社会的立法提供理论解释。具体而言，功利主义、目的法学，以及利益法学的理论为近现代知识产权立法提供了较好的解释。

一、功利主义解释下的知识产权法的立法目的

功利主义是风行于19世纪英国的哲学运动，渊源可以追溯到大卫·休谟，典型代表人物是杰里米·边沁和约翰·穆勒。功利主义在边沁的定义下是这样一种原则，即根据每一种行为本身是能够增加还是减少与其利益相关的当事人的幸福这样一种趋向，来决定赞成还是反对这种行为。① 社会利益不是独立于个人利益，而是意味着组成社会的各个成员的利益之总和。② 政府的职责是通过避苦求乐来增进社会的幸福，而最大多数人的最大幸福乃是判断是非的标准。③ 功利主义并非仅仅是纯数量的计量，约翰·穆勒的功利主义已经对功利主义做出了重要的修正，即通过区分高级的快乐和低级的快乐，增加了对快乐（或幸福）的质的衡量，并且在此基础上提出了培养高贵品质是功利主义者的必修课，高贵之人或有德之人倾向于给他人带来幸福，因此功利主义者就有义务去培养自己

---

① Jeremy Bentham，An Introduction to the Principles of Morals and Legislation，Oxford，1823，p.2.

② Jeremy Bentham，An Introduction to the Principles of Morals and Legislation，Oxford，1823，p.5.

③ Jeremy Bentham，A Fragment of Government，F. C. Montague ed，Oxford，1891，p.93.

和他人的德性。[①]总体而言，功利主义指向的不是个人自由（快乐），而是社群整体利益（幸福），强调的是制度设计和宏观调控（激励或惩罚）。

国家的法律创造驱动力，亦即惩罚与奖励，以刺激和鼓励人们行动。约翰·穆勒同样认为行为的“是”与其趋于增进的幸福成比例，行为的“非”与其趋于产生的不幸福成比例。[②]根据功利主义原则（背后也有行为主义的影子），法律应当（能够）激励和奖赏人们合适的行为，即法律所鼓励和保护的行为，同时法律还应当（能够）遏制和惩罚人们不恰当的行为，即法律所明文禁止的行为。

知识产权领域的功利主义观认为：劳动是赋予知识产品财产性的基础性依据。[③]知识产权是一种可以积极促进人类社会进步的、不可或缺的智力成果，应当对创作者收益激励以确保知识产品的产出，同时应当从促进全社会利益最大化的角度避免知识产权垄断。[④]就知识产权的正当性而言，现代功利主义认为，社会创立知识产权制度的终极原因在于为增加知识产品的供给提供刺激，以确保公众更充分的获取权。[⑤]欧洲国家偏向于以劳动观或人格权观为主导制定知识产权法律政策，美国则主要立足于功利主义学说制定相关政策，例如美国知识产权制度的奠基人托马斯·杰斐逊明确否认授予作者和发明者控制其知识产品的权利是自然权利，而是为了推动科学和实用技术的进步，激励人们创造出更多的科学和文化产品，促进效益的最大化。否则，如果不付出任何代价就能攫取和生产他人的产品，会让人们放弃投资和从事科学研究，从而最终损害整个社会的效益。

从知识产权的扩张史来看，总体上是功利主义战胜自然权利理论、功利主义抑制知识产权的自然权利式扩张冲动的历史。[⑥]我国的知识产权法律制度是法律移植的产物，并没有形成劳动权和人格权为基础的法权观念。但知识产权国际保护的高标准要求与国内知识产权保护文化欠缺的冲突使得我国的立法政策

① John Stuart Mill，Utilitarianism，London，J.M.Dent，1910. 中译文见穆勒：《功利主义》，徐大建译，上海世纪出版集团 2008 年版，第 10 页。

② John Mill，Utilitarianism，O. Piest ed，New York，1957，p.10.

③ 具体内容参考约翰·洛克的财产理论。

④ 参看吴汉东：《知识产权基本问题研究（总论）》，中国人民大学出版社 2009 年版，第 98 ～ 109 页。

⑤ 参看彭学龙：《知识产权：自然权利亦或法定之权》，《电子知识产权》2007 年第 8 期，第 14 ～ 17 页。

⑥ 参看和育东：《从权利到功利：知识产权扩张的逻辑转换》，《知识产权》2014 年第 5 期，第 9 ～ 14 页。

上更偏向于强调效用。[①] 立法保护智力成果，不是出于对所谓自然权学说的尊重，而是出于激励机制；不是确认已经存在的权利，而是基于公共利益和促进科技发展的考虑创设权利。随着知识产权越来越重要和保护制度的发达，功利性居于突出地位，是否保护知识产权，首先与道德合理性直接相关，但保护范围的大小和宽窄，则更具有政策上的色彩和选择性，这属于功利和政策的问题。[②] 我国的知识产权侵权规则理论也昭示了理性主义的式微和功利主义的勃兴。[③]

在不同的历史阶段，知识产权制度有不同的立法侧重，在其产生和发展的早期，自然权利就是知识产权的正当性基础，在近代立法中知识产权也被称为一种自然法上的权利，而当知识产权制度普遍建立之后，人们的关注点就转向其效益价值，基于功利原则也就是效益追求，各国得以对知识产权法的各项具体制度进行精雕细琢。现代知识产权制度负担起实现智力资源有效配置、促进社会非物质财富增加的使命，这种效益价值目标具体体现为知识、技术、信息的广泛传播，并通过智力成果的独占使用、授权使用、法定许可使用、合理使用等各项制度得以最终实现。[④]

当代我国知识产权立法侧重于促进社会福祉。具体而言，例如我国《著作权法》《商标法》《专利法》都明确写明最重要的立法目的是促进社会主义市场经济的发展以及促进科学技术进步和经济社会发展。[⑤] 在这些重要的知识产权国内立法的第一条都表达了促进社会整体经济发展的需要。另外，2005 年国务院成立国家知识产权战略制定工作领导小组，2008 年正式发布《国家知识产权战略纲要》，将知识产权问题提升到国家发展重大战略层面，将知识产权认定为国家核心战略资源，制定和实施知识产权战略成为促进我国经济社会发展和应对国际竞争的必然选择。制定战略纲要的背景理论有制度经济学的支撑，即通过公平合理的制度，形成恰当的激励，促进系统朝向良性发展。《国家知识产权战略纲要》的主要内容中，在其基本主线中关于为建设创新型国家和全面建设小

---

① 参看杨帆、张海宏：《销售侵权复制品虚置之争的再思考——基于功利主义知识产权刑事政策立场的评析》，《政治与法律》2014 年第 3 期，第 49 ～ 59 页。

② 参看崔国斌：《知识产权法官造法批判》，《中国法学》2006 年第 1 期，第 144 ～ 164 页。

③ 参看曲三强：《理性主义的式微与功利主义的勃兴——兼论知识产权侵权规则原则的走势》，《学术探讨》2010 年第 5 期，第 35 ～ 43 页。

④ 参看吴汉东：《关于知识产权本质的多维度解读》，《中国法学》2006 年第 5 期，第 97 ～ 106 页。

⑤ 分别见《著作权法》《商标法》《专利法》第一条。

康社会，以及其十六字方针中关于激励创造、有效运用即激发全社会的创新热情，促进经济又好又快发展等内容，都与功利主义关于“效用”观念的类似。

二、目的法学解释下的知识产权法的立法目的

耶林法哲学理论的核心概念是目的，将立法目的从法学研究中凸显出来，假设人们是根据实现某些可欲的结果的意志而有意识地制定法律，强调立法者的意志、意图、意识等主观方面，否认历史法学派中有关法律只是非意图的、无意识的、纯粹历史力量的产物的观点即否定法的客观生成论观点。在其重要的法理学著作的序言中他指出，目的是全部法律的创造者，每条法律规则的产生都源于一种目的，即一种实际的动机。[①]在耶林的目的法学中，法律同语言一样，表现为超越目的和意识的某种有机而内在的发展。[②]如果从拟人化的国家角度看，法律乃是国家通过外部强制手段而加以保护的社会生活条件的总和，法律的目的在于实现国家的意志。关于目的，是与原因不同的概念，目的相对于意志而言，它指向未来，而因果主要是指物质世界的运动和联系，指向过去。但有时候，耶林将目的和驱力（即亚里士多德四因说中的动力因）相混淆，认为世界的驱动力量不是原因，而是目的。[③]耶林法学中，立法的动力因即目的因：透过利益之结合，利己动机能够服务于利他目的。立法的最终目的是维持生存目的：生命维持的目的产生了财产，而财产促成对未来的保障，法律则是这两个目的结合之下的产物。不同于个人生存的目的，法的最终目的是社会存在。[④]由于相信立法者的活动是有意识的和系统的，即维持整个社会存在的目的，因此有目的的制定法的活动就是法学家应当着重关注和解释的现象。

用耶林的目的法学来解释知识产权立法的直接目的，即通过保障知识产权

---

① Rudolf Von Jhering, In the English Philosophers from Bacon to Mill, E.A. Burtt ed, New York, 1939，转引自 Edgar Bodenheimer, Jurisprudence : The Philosophy and Method of the Law, Universal Law Publishing Co. Pvt. Ltd., 2006, pp.88～90.

② ［德］鲁道夫·冯·耶林：《为权利而斗争》，中国法制出版社 2004 版，第 7 页。

③ Rudolf Von Ihering, Law as a Means to an End, Issac Husik Boston trans. & ed, The Boston Book Company, 1913, p.7.

④ Rudolf Von Ihering, Law as a Means to an End, Issac Husik Boston trans. & ed, The Boston Book Company, 1913, p.188.

人利益的激励机制，保护知识产品的创造者等知识产权人的生存目的，最终目的是有利于整个社会存在，即通过促进知识和信息的广泛传播，最终促进整个社会科学、文化进步与经济发展。从耶林的目的法学来解释知识产权立法目的，可以发现立法者根据时代需要，在这种二元结构的立法目的上进行权衡和协调，选择更偏重保护的一面。

具体而言，在著作权立法中，直接目的是为了作者更好的生存目的。另一方面，最终目的则是激励作者将作品公之于众，促进整个社会的知识共享。著作权立法一方面是确认少数人（比如作者）已经存在的权利，同时也在创设其他人(与作者无关的人)能够分享和使用作者智力产品的一系列新的权利。例如，我国的《著作权法》第一条明确写明:保护文学、艺术和科学作品作者的著作权，这就是立法的直接目的。而鼓励有益于社会主义精神文明、物质文明建设的作品的创作和传播，促进社会主义文化和科学事业的发展与繁荣就是立法的最终目的。

同样的，专利法的直接立法目的是保护发明者、创造者更好生存的目的。另一方面，最终目的是通过正向激励人们的发明创造，促进技术信息的传播，以及抑制社会资源浪费如重复研发活动，从正、反两方面促进整个社会福利的增长。比如我国《专利法》第一条写明立法的直接目的是保护专利权人的合法权益，同时，也明确指出了立法的最终目的在于通过鼓励发明创造，推动发明创造的应用，提高创新能力，最终促进科学技术进步和经济社会发展即造福于整个社会生存。

再比如，商标法的直接立法目的是保护商标权人的商标专用权即保护商标权人的生存目的，最终目的是要保障社会公众涉及商标的利益，因此商标法立法也需要在两种目的即商标权人更好的生存和整个社会存在的利益之间进行协调。例如我国《商标法》第一条写明的直接目的针对商标专用权人、生产、经营者、消费者，最终目的是促进社会主义市场经济的发展，在该立法语境下可解释为整个社会存在的目的。

从我国的这三部法律的第一条文本都可以看到，立法的直接目的都以保护权利人的权益为目的，同时强调鼓励创作、传播、发明等权利，兼顾其他人的利益，最终目的是促进整个社会的知识产品和文化的繁荣发展。从立法文本可以看到立法者对于知识产品的创作和传播有目的的保护和牵引，而不仅仅是对已有的权利的确立而已，并且存在多种利益，立法目的是在兼顾多种利益下，以促进全社会福利为最终目的。在具体情况下，应当在多种利益下进行权衡，不能简单僵化地选择某一方利益。

还有一种与耶林的目的法学不同的有关立法者目的的学说，即从法官的视角解释立法者立法目的的法解释学观点。对于司法活动中法官对知识产权法立法目的的解释，我国学者有两派针锋相对的观点，即自由解释和法定主义两种主张。自由解释的观点认为应当对立法目的进行宽泛的解释，即容许法官在司法裁判过程中，对于知识产权制度没有明确规定的规则，适用民法等传统法律制度的原则进行自由裁量。例如在 20 世纪 90 年代，梁慧星教授对广西广播电视报诉广西《煤矿工人报》侵犯著作权案作出分析后指出，在私法领域法官不得借口法无明文规定而拒绝裁判，并作出结论说法官应当运用法解释学的方法对新型案件进行裁判。[①] 易继明教授在 2005 年也撰文表达在司法过程中通过传统民事法律制度实现知识产权立法的目的。[②] 与此相反的观点认为对立法目的应当进行严格的解释，不允许法官在司法活动中通过自由裁量而创造性地立法。因认识到知识产权立法活动的重要意义，学者提出了知识产权法定主义，强调任何人不得在制定法之外创设知识产权，因为先有法律，后有知识产权。[③] 知识产权与宪法和人权法中法律和权利是基于某些自然权利的确认有着明显区别。秉持法定主义的观点认为，如果法官真的碰巧在审判活动中发现了现行知识产权法制度无法加以规范和涵盖的新知识产品，也应当依据法定主义原则，不认定为法定的知识产品。[④] 即便它们符合德拉霍斯所说的应当受法律保护的利益或者某种优势，根据法定主义原则，也并不当然构成法定的知识财产权利。这类无法达到现行知识产权法定要件的知识产品应当被视为是立法者基于立法最终目的（即促进整个社会福祉），有意留给公众。

知识产权的法定主义是对立法者权威的再次肯定，基于的理由在于立法者是通过多数票原则对各种利益进行了权衡，法官应当尊重这样利益权衡之后的法律。如果以耶林的目的法学理论为背景理论，那么应当认识到法律的目的不仅指向整个社会福祉（因此区别于立法的直接目的即对特定人群特定权利的保

---

① 参看梁慧星：《电视节目预告表的法律保护和利益衡量》，《法学研究》1995 年第 2 期，第 81 ～ 89 页。
② 参看易继明：《知识产权的观念：类型化及法律适用》，《法学研究》2005 年第 3 期，第 110 ～ 125 页。
③ 参看郑胜利：《论知识产权法定主义》，《中国发展》2006 年第 3 期，第 49 ～ 54 页。
④ 参看李扬：《知识产权法定主义及其适用——兼与梁慧星、易继明教授商榷》，《法学研究》2006 年第 2 期，第 3 ～ 16 页。

护），也指向未来（因此区别于立法动力因、法的历史生成说、法律渊源说等理论对于历史的不断回望）。目的论是为了指引人们将来的恰当行为，因此不应当拘泥于返回到立法者当初的原意——实际上由于立法者众多，也无法完全还原立法者真正“唯一”的原意。因此，根据案件的实际情况通过法官来推定法律在当前案件中最合适的立法者意图，是对目的法学理论的具体化。

三、利益法学解释下的知识产权利益衡量理论

人们奋斗的一切都与利益有关。① 关于知识产权法的目的应当与利益联系起来，通过利益衡量理论进行解释。② 这实际上是将目的法学和利益法学的理论结合起来作为知识产权立法的背景理论。简单来说，利益法学是对目的法学的发展，因为法律规范的训诫内容不是通过单纯的数字计算来实现社会整体福利，而是通过容纳并调和利益冲突的方式完成。法律是利益的产物，并且反过来又界定利益。根据目的法学，司法人员需要确立立法者所要保护的社会利益，而利益法学进一步解释说，立法者本身的工作是对相互矛盾的生活利益关系进行界定。③ 立法者通过立法直接将现实利益上升为法律所保护的权利，或者宣告某种利益为非法利益，明确用法律规范予以取缔或禁止，或施以一定比例的负担使某些利益主体的利益有所减损，或设立对权利的限制，或对需要保护的权利进行排序，或设置对某种权利相应的抗辩的权利，总而言之是对利益进行具体化的排序、衡量、调整的过程。④

利益法学（interessen jurisprudenz）是 19 世纪末 20 世纪初出现于德国的社会法学的一个分支流派。该理论强调法官应该注意各种利益。利益法学所主张的利益包含多重含义，根据不同的语境可解释为当事人的具体利益，也可

---

① 马克思、恩格斯：《马克思恩格斯全集》（第一卷），人民出版社 1956 年版，第 2 页。

② 参看冯晓青关于知识产权法与利益平衡论之间关系的系列论文，例如《知识产权法目的与利益平衡关系的实证分析——以美国宪法知识产权条款为例》，《北京科技大学学报（社会科学版）》2008 年第 3 期，第 64 ～ 67 页；《著作权法目的与利益平衡论》，《科技与法律》2004 年第 2 期，第 84 ～ 97 页；《知识产权法目的与利益平衡研究》，《南都学坛（人文社会科学学报）》2004 年第 3 期，第 77 ～ 83 页。

③ 参看吕世伦：《现代西方法学流派》（上册），法律出版社 1996 年版，第 128 ～ 129 页。

④ 参看张斌：《论现代立法中的利益平衡机制》，《清华大学学报（哲学社科版）》2005 年第 2 期，第 68 ～ 74 页。

解释为更加抽象的社群利益，还可泛指包括物质和精神在内的利益，例如公平、正义等。[①] 利益法学的渊源可追溯到耶林的目的法学。[②] 但利益法学真正创始人是菲利普·黑克。利益法学被表述为是实用法学的一种方法论，它要确定的是法官在判决时应该遵循的原则。[③] 利益法学派是在批判概念法学的基础上发展起来的，庞德的社会工程（社会利益）说、日本的利益衡量理论以及之后的评价法学都对利益法学的基本论题有所承继。[④] 从概念法学到利益法学的变迁反映了人们对立法的认识从静态的法律条文到更加注重动态实践，从旧时代法学那种不关注生活及其需要，只关心概念体系的态度，转变为关注社会整体福祉，关注司法实践紧密联系立法的新时代法学。利益法学开启了第二波法律全球化浪潮，它在德国、法国等欧陆国家实现了法学方法和法教义学之更新；在美国则影响产生了现实主义法学，对法律的经济分析、法律实用主义、工具主义等的发展奠定基础。利益法学推动了法范式之转变，法律的发展从形式主义向社会利益衡量转型。

从利益法学的视角看利益和立法的关系可以得到以下结论：首先，对利益的衡量是制定法律规则的基本要素，利益是立法的动力因。利益决定法律规则的创建，具体的命令或规则建立在各种对立利益之间的互相作用之上，是这些对立力量达到均衡时的结果。其次，利益也是立法的目的因，法律是保护利益的手段。第三，具体的命令或法律规则又决定着（新的）利益（冲突），立法总是对一个充满着利益的世界的镜像反映，同时又是对各种利益（之间关系）的一种固定方式。从利益法学的视角来解释立法，更加强调法律要从生活需要和利益状况出发来进行解释，依据利益进行调整。相比于功利主义和目的法学而言，利益法学的考量愈发具体化。命令的形成要从具体、真实生活的观念出发，最终是为了通过判决来继续塑造具体的生活。[⑤]

---

① 参看梁上上：《利益层次的结构和利益衡量的展开——兼评加藤一郎的利益衡量论》，《法学研究》2002 年第 1 期，第 52 ～ 65 页。

② 例如耶林认为法起源于斗争，而且法的生命在于斗争。为权利而斗争问题，最后转换为更加纯粹的计算问题：进行案件决断时，必须衡量其中各方的利益和损失。参看［德］鲁道夫·冯·耶林：《为权利而斗争》，中国法制出版社 2004 年版，第 21 页。

③［德］菲利普·黑克：《利益法学》，《比较法研究》2006 年第 6 期，第 145 ～ 158 页。

④ 参看陈林林：《方法论上之盲目飞行——利益法学方法之评析》，《浙江社会科学》2004 年第 5 期，第 63 ～ 71 页。

⑤［德］菲利普·黑克：《利益法学》，《比较法研究》2006 年第 6 期，第 145 ～ 158 页。

利益最大化是法官裁判能很好促进的重要价值。[①] 法官在锚定立法者对利益（资源）分配的意图时，因为了解立法的最终目的是促进整个社会的福祉，因此在裁判时同样秉承利益最大化原则。在资源有限的世界里，经济学家将“效益”作为公认的价值，进行资源的有效分配。法律活动也可以视为是对有限资源的有效配置。利益最大化借鉴了功利主义的核心命题：法律（应当）是为了促进最大多数人的最大幸福，但用利益来代替功利主义学说最初的幸福，用了更接近经济、数学的客观考量标准，更加具体化，相比衡量幸福而言衡量利益也更加易于实践操作。

将利益法学与目的法学结合起来看，立法的目的就是为了达到某种程度的利益均衡状态。[②] 这一利益衡量的具体理论是 20 世纪 60 年代日本学者加藤一郎和星野英一提出，之后由梁慧星教授于 90 年代介绍到我国的民法理论。[③] 它的实质是一种法院判案的思考方法，与概念法学不同，它不单纯依赖形式逻辑的三段论式推理，而是通过利益衡量的初步结论与经过法官解释过的法律条文一起，对具体案件进行判决。但衡量利益是一种主观行为，它在解释法律时更自由和弹性，也因此可能导致武断的判断。根据不同的语境，利益的层次结构可以被分为个人的具体利益、集团利益、（法律）制度利益以及社会公共利益等层次。立法和司法活动也应当照顾到具体的利益，同时对社群利益和制度利益进行综合考量。在利益法学的观点下，立法活动也是一个利益衡量的过程，立法的目的在于合理、公正地分配不同的利益。法律条文体现着立法者对社会上现存的利益和将来可能产生的利益的综合平衡的结果。

知识产权法所力图调整的利益包括知识产品创造者的利益，知识和信息传播者的利益，以及其他能够从知识产品获益的人的利益。由于最后一种利益的受益人不特定而且数量广泛，一般也被简化为社会公众利益。具体而言，著作权法试图协调作者，作为邻接权人的表演者、录音录像制作者、广播电视组织等权利主体的利益，以及其他使用者、社会公众的利益。专利法试图协调发明者等专利权人以及其他人（例如专利权人的竞争对手，其他不特定的社会公众）

---

① ［美］理查德 · 波斯纳：《法理学问题》，中国政法大学出版社 2002 年版，第 467 页。

② 参看冯晓青：《知识产权前沿问题研究》，中国人民公安大学出版社 2004 年版，第 11 页。

③ 参看梁上上：《利益层次的结构和利益衡量的展开——兼评加藤一郎的利益衡量论》，《法学研究》2002 年第 1 期，第 52 ～ 65 页。

的利益。商标法则在商标专用权人、消费者、商标权人以外的生产者、经营者等市场竞争者的利益之间进行协调。商业秘密法的目的则是协调商业秘密所有人和潜在的市场竞争对手以及社会公众之间的利益。总而言之，知识产权立法旨在知识产权的创造者、所有者、需要合理利用知识产品的社会公众、整个社会的利益之间建构平衡的框架。

例如著作权法是在智力产品所涉及的多种互相竞争的利益之间，即在创作者的利益、该作品的传播者、使用者的利益和其他社会公众的总体利益之间寻求妥协。专利制度在给权利人的经济利益带来保护，可能激励创新的同时，也可能因其创设的权利垄断局面造成知识壁垒，阻碍科学、技术、文化的迅速扩散，可能减缓整个社群对新技术、新知识的学习速度。专利制度的设置也可被视为社会向创新者购买创新机密的一种契约，信息公开和权利专有则被解释为契约的对价关系。[①]而商标法、商业秘密法同样如此，是在具体而特别的权利人的利益、更加广泛的群体利益以及其他不特定的社会公众利益、整个社会福祉之间进行协调。

基于利益法学发展的利益平衡理论体现了法律实用主义。在权利人的利益和社会整体利益之间，实用主义的操作方式是根据时代需要对不同层次的立法目的进行排序、优选和取舍，有的时代的知识产权立法目的更强调具体权利人的利益，其次才是兼顾公平。有的时代则将社会公众利益置于优先位置，其次才是兼顾个体利益。

第二节 实用主义

立法观念体现着国家意志和时代精神，影响着立法活动参与者的意愿和行为，最终具象化地塑造着立法目的。习近平总书记强调："人民群众对立法的期

① 参看王争:《专利制度的经济学研究综述》,《北京大学学报（哲学社科版）》2006 年第 2 期，第 141 ～ 150 页。杨红军:《知识产权制度变迁中契约观念的演进及其启示》,《法商研究》2007 年第 2 期，第 83 ～ 90 页。

盼……是好不好、管不管用、能不能解决实际问题。”我国当代知识产权的立法现实体现了实用主义，同时，实用主义引导着现阶段的立法现实。本节将讨论以下问题：从实用主义视角下如何看待立法的参与群体？立法的参与群体（例如相关利益人）对于立法活动的影响作用在西方发达国家和在我国是否类似？实用主义的立法观念下知识产权立法目的发生了怎样的转变？

一、实用主义哲学及其对中国的影响

实用主义（pragmatism）是试图通过探索每一个概念背后的实际效果来解释概念，威廉·詹姆斯在《实用主义》一书关于实用主义的意义部分这样写道。实用主义这个名词的希腊词根 πράγμα 的含义是行动，另外两个英文单词实践（practice）和实践的（practical）也是这个词根派生而出的。1878 年皮尔斯将实用主义一词运用到哲学层面。在《怎样使我们的观念清晰》一文中，皮尔斯指出行动是思想的唯一意义。人们思考事物时，如要把代表这个事物的概念完全弄明白，只需考虑它含有什么样可能的实际效果。实际效果在这里是指人们从这个概念里会得到什么感觉，作什么样的反应。而这些就是人们对于所思考的这一事物所具有的全部概念。[①] 实用主义的基本特征表现为反传统形而上学、效用的真理观、行为主义和工具主义。我国哲学家冯友兰在《三松堂自序》中则将实用主义解释为一种独特的真理论。在他的理解中，实用主义的真理论背后实际上是一种不可知论。由于人们的认识只限于经验，人们总是不能走出经验范围之外而有什么认识。而实用主义哲学所谓真理是对于经验的一种解释。如果解释得通，它就是真理，对于人们有用，即有用就是真理，实用主义哲学不认为有所谓客观的真理。

这种经验主义的态度让实用主义者更趋向于具体与恰当，趋向于事实、行动与权力。实用主义是一种方法，和唯名主义、功利主义、实证主义在很多方面是协调的。实用主义的态度不是去看最先的事物、原则、范畴和假定，也就是不从动力因来理解事物，而是去看最后的事物、收获、效果和事实，类似于

① William James, Pragmatism : A New Name for Some Old Ways of Thinking, Harvard University Press, 1975, Lecture II.

从目的因来看事物存在的意义。由于实用主义面向的是事物的效果，它是面向未来的，它关心的是这个世界将会变成什么样子。

实用主义在 20 世纪初西学东渐的历程中传入我国，并对我国思想界产生较大影响。法学上的实用主义与哲学上的实用主义在我国的发展历程是一致的。我国 70 余年来的法治发展史，经历了从法律实用主义到法律虚无主义，又回归到法律经验主义，并有走向法律理念主义的趋势。法律实用主义影响下，可以不要有完备的法律体系和完善的立法，法律条文也可以不太复杂，法律有时候只是做一个行动准则的参考。[①]

二、立法中的实用主义

立法中的实用主义不同于历史主义法律观或者哈耶克的自然生长的秩序观。历史主义的法律观以及自然生发的秩序观面向的是过去，看重的是法律形成的原因，追溯的是法律的渊源。实用主义则面向着未来，看重的是结果，追寻的是人类行为所导致的影响与后果。

实用主义的法律观一开始是指的法官的司法艺术，是指法官应当以判决的实际影响为最终考量，而不是一味地做立法目的解释的代理人。但实用主义的观念不仅仅存在于司法实践，也存在于立法者的观念中。立法中的实用主义是指立法者以法律在社会中运行的实际效果为考量的立法，实用主义的立法者最关心的不是永恒不变的真理，而是短时间内就能解决现实问题、产生效果的规则。也因此，实用主义的立法者会以实验、实践、过程的视角看待法律，用摸着石头过河的态度去对待现实的问题和解决问题的方法，而不会过于纠结于法律的稳定性和法律本身的权威问题。

是否能够解决问题和产生预期的效果是实用主义立法者进行法律创制、修改和废止活动时依赖的准则。正因为法律实用主义不太强调法律的稳定性和权威性，法律实用主义也可能会走向法律虚无主义。因为实用主义在我国极容易滑向工具论：法律就是国家的工具。其他的法律部门的形成，比如《刑法》，都

① 参看江平：《从法律实用主义到法律理念主义——中国 30 年法治进程再思考》，http://www.legaldaily.com.cn/index_article/content/2009-10/26/content_1171875.htm，2016 年 9 月 2 日访问。

是在经验和实践的基础上，也就是说实践先于设计，经验先于理念。但知识产权法的形成，有时候却是设计、理念优先于实践和经验，比如《专利法》在我国的立法实践就体现了实用主义的态度，《专利法》的制度的设计要早于实践，先拿出简要的法律文本，在立法之后再进行多次修改以适应时代的发展需要，就是实用主义在立法上的表现。

实用主义法律观与立法学的权威命题、法律实证主义以及理性主义均有较大的差别。首先，法律是主权者的定义这样立法学上的根本命题，对于实用主义立法者而言不再特别重要。法律从何而来，它是否是权威的代表，它有何意义，对于实用主义立法者来说都是次要问题。这一结论和苏力讨论《制度是如何形成》时的观点不谋而合，法律的起源似乎并不重要。制度在发生学上的意义是后人在回望之际构建起来的。[①] 其次，实用主义在这一点上与法律实证主义有着明显的区别，因为起源、谱系和权威命题是法律实证主义讨论的主要问题，可以说实证主义法学是一种不断回望的法学。而在实用主义这里，主要问题变成了：法律将如何影响人们的生活，而人的立法行为如何塑造着法律进而塑造着人类社会，是一种向前看的法学。这体现着一种立法观念重心的转移，不再过分追问过往的经验，而是注重对未来事件和行为的指导作用。再次，实用主义体现着对人的影响的重视。而它的哲学依据是实用主义的真理观。[②] 通过对比理性主义和实用主义本质上的差别，可以理解法律实用主义的特点：法律不再是现成的、完全的（如理性主义观点的假设），而是不断被创造生成的，其一部分面貌在立法之时留有余地，在未来才产生。传统的立法观念认为法律是稳定的，实用主义立法观念则认为法律还在创造发展中。因此，立法实用主义观面向未来，对将要产生的法充满期待。

简言之，实用主义强调人的影响因素，不承认自然生成的秩序或者说是离开了立法者这一重要决定因素的法律创制活动。它面向未来，认为法律是根据社会现实而不断创造和不断修订的过程，否定法律是对以往规则的单纯总结。实用主义重视对参与立法活动的人的研究，也重视对立法活动的对未来事件和行为的指引效果的研究。以著作权为例，实用主义的公平原则认为劳动应该得

---

① 参看苏力：《制度是如何形成的》，北京大学出版社 2007 年版，第 52 页。

② 正如席勒所说真理是人为的结果，世界是可塑的。Schiller，Personal Idealism，60. quoted from William James. Pragmatism，A New Name for Some Old Ways of Thinking，Harvard University Press，1975，Lecture VII.

到合理的物质报酬。但不同国家的实践侧重点不同，并不存在确定的真理：例如美国更注重消费者对作品的市场选择，从而刺激作品的生产和投资，最大限度地活跃版权市场。[①] 这是因为美国宪法的版权条款和版权历史上的重大案例都一致强调公众利益始终是国会和最高法院的第一位考虑因素，对作者的经济报酬仅仅是第二位的考虑。而德国、法国更侧重于作者权利的保护。实用主义是立法机关根据社会现实需要确定法律所需要保护的权利的优先顺序，实用主义的真理是一种更加主观的真理。

三、实用主义的司法目的

司法中的实用主义体现为透过法律判决来塑造生活关系。[②] 实用主义是一种方法论，或者说操作理论（a theory of doing）。[③] 在法学研究中，实用主义也反映在解释古典的司法自制理论和狭义的司法能动主义（或司法自治理论）之间的争论上，它对法官在司法活动中是否应当严格遵循立法者的法律这一问题有更灵活的解释。司法自制，意味着法官在司法实践中的自我约束，以尊重和遵循立法者的意志为法官的职责，严格区分立法者的立法职责和法官的司法职责之间的界限。而司法自治，则意味着承认法官的自由裁量权，承认法官实际上是在通过司法活动创造法律，承认法官的立法功能。

以霍姆斯为代表的实用主义司法哲学强调，法官的首要职责是遵守代表多数方的立法，即使立法存在缺陷也应当遵守代表民意的立法机构作出的决定。法官不应该根据自己的道德确信来批判、补充或者改变立法机构的决定（即使它可能比立法者更加保守）。[④] 实用主义法学认为法官对立法机构尊重的真正原因在于立法机构拥有绝对的权力，而并不是类似孟德斯鸠《论法的精神》中假设的三权分立体系中权力之间的互相尊重和制衡。立法机构采取的是多数人原

① 参看袁泳:《数字技术与版权领域的利益平衡论》,《南京大学学报（哲学人文社会科学)》1999 年第 3 期，第 135 ～ 143 页。

② Philipp Heck，The Formation of Concepts and Jurisprudence of Interests. The Jurisprudence of Interests，M. Magdalenda Schoch trans.& ed，Cambridge：Harvard University Press，194，p.113.

③ 参看张文龙:《目的与利益:法范式的哥白尼革命，海克为中心的利益法学思想史之考察》,《清华法学评论》2015 年第 1 期，第 130 ～ 154 页。

④ [美] 罗纳德 · 德沃金：《身披法袍的正义》，周林刚、翟志勇译，北京大学出版社 2010 年版，第 29 页。

则，其重要意义在于它呈现了社群中占优势的力量产生的规范权力。霍姆斯提出构成一个健全法律体系的首要条件在于，无论对错与否，它都应当符合社会的真实情感与需求，而后者体现在立法中，因为立法体现着优势力量群体的利益。实用主义法学之所以能为（也应当为）人们接受，也许是因为在当代民主国家中，国家和法律已经不再神秘和神圣。[①]法律的制定过程公开，人们可以看到法律产生、改变以及废止的过程。法律所体现的优势群体的利益是可以协商的，优势群体本身也并非固定不变的身份，而是可以变化的结构。

霍姆斯的实用主义强调司法对立法的服从，庞德的实用主义则反对研究立法的内容和性质，强调研究它的目的和功能，认为法主要存在于历次的判决中，应当在动态中把握，而不能在静态中把握，只有在实际上发生作用的法才是真正的法。[②]庞德所强调的需要和耶林目的法学所强调的利益是类似的，只不过庞德更偏向于从需要、欲求等心理学术语而非利益这样的经济学术语来论述。庞德更加强调的是社会利益理论，认为法的功能就是调节、调和或调解各种重叠和冲突的利益，以便使各种利益中大部分或文化中最重要的利益得到满足，而使其他的利益最少牺牲。

第三节　实用主义视角下的知识产权立法参与者

立法、司法和执法活动不同，立法活动是所有参与主体以平等身份进行博弈的过程。司法活动中虽然有控、辩双方的竞争、较量或博弈，但始终处于中立于双方的法官的监督之下，并且以法官的裁决为最终结果，从这一角度看，法官的地位高于诉讼活动的其他参与人。执法活动则较少体现竞争或博弈，它体现着有权威的机构对于相对人的指导和惩罚，执法者的地位也因其权威性高于被执法者。相比司法、执法而言，立法活动则真正是参与者的游戏：每个参

① 参看李霞：《实用主义的法官法理学——透视霍姆斯大法官的司法哲学》，《北方法学》2015 年第 4 期，第 29 ～ 37 页。
② 参看范扬：《庞德实用主义法学批判》，《复旦学报（社会科学版）》1958 年第 1 期，第 83 ～ 94 页。

与者都有可能影响最终的结局。

然而，看似平等的立法主体，在现实中却可能以利益集团、压力集团的形式影响甚至操控立法活动。参与立法的主体对程序和结果的影响，是立法动力学研究的主要内容。例如，有研究认为在国际立法领域，从某种程度上说是私人在主导着知识产权国际立法的发展，私人集团通过各种手段操纵国际规则和标准的制定。然而，另有研究显示知识产权的国际立法的原始动力始终在国内。①原因在于，我国的立法动力主体和西方发达国家不同，很多情况下利益集团并不是立法的最主要动力源。知识产权立法的国内立法的动力有时候受到外部环境的影响和制约，外部环境的压力有时候成为国内立法的原始动力，例如我国在入世之前针对国际规则进行的国内法的立法、修订工作。本节将通过对比对美国和我国的利益集团的研究，揭示不同国家的不同立法参与者，从不同国家的立法参与者的积极参与程度、立法意愿和实际效果等方面对比可见，我国知识产权立法相关参与人的积极参与程度、立法意愿和实际效果均不强。究其原因，是由于相较于知识产权强国的其他参与主体，我国知识产权立法参与人的主体意识、立法权威感、立法参与手段较弱，较少影响立法后果。

一、利益集团理论

广义上的公众包括各种利益集团。利益集团是指由具有共同利益诉求的人们所组成的群体。利益集团为实现自身的利益诉求（包括经济、政治权利及价值观等），以集团身份参与影响立法。②从这一定义出发，利益集团与公众并非两个对立、无涉的实体，而是彼此交融、有重合领域的集合体。以美国为例，利益集团通过选举使利益集团代表进入代议机关，提出有关法律议案直接影响立法。或者通过出资赞助候选人，或者在立法机关起草法案或制定规章过程中进行游说，或者积极参与立法和听证等形式表达利益诉求，间接影响立法。利益集团还可能通过各类媒体（包括网络媒体）制造社会舆论影响立法。为了规范利益集团的利益表达，美国在 1995 年制定了《联邦游说公开法》，其主要目

① 参看吴汉东、郭寿康：《知识产权制度国际化问题研究》，北京大学出版社 2010 年版，第 33 页。
② 参看杨炼：《立法过程中的利益衡量研究》，法律出版社 2010 年版，第 124 页。

的就在于规范利益集团的利益表达。

狭义的利益集团主要指强势群体如工商界群体、由各个垄断行业组成的群体等。这类集团组织化程度最高并占有较多的社会政治经济文化资源，对立法和公共政策的制定影响力较大。社会中间阶层中的中低级公务员、知识分子、普通中小企业经营者等也可能组成集团，形成一定的话语权和影响力。社会中下阶层例如经济收入在贫困线以下的农民或其他社会人员比如进城务工的农民工、城市下岗职工、城市化进程中的被拆迁群体等，一般被称为弱势群体，但如果能够形成组织化较高的组织，积极参加立法活动争取话语权表达利益诉求，也可以形成利益集团。

国内学界对知识产权利益集团的研究较少，已有的论著也多关注于外国知识产权利益集团与其政府政策互动影响的研究。原因之一是我国在很长时间里，不承认利益集团的存在，直到 1988 年十三届二中全会才第一次明确承认我国社会存在不同的利益集团，并写明利益集团的矛盾是人民内部的矛盾，这在我国立法史上有重要意义。

我国立法活动的利益相关人的立法表达方式主要包括通过人大代表、政协委员正式立法程序的方式，信访的方式，参与立法听证的方式以及通过各类媒体的方式。① 具体而言表现在通过影响人大、政协代表直接影响立法活动；通过影响学术科研团体参与法律草案的拟订讨论来影响立法；通过影响政府机关工作人员或利用各类媒体制造舆论引起关注等方式间接影响立法。② 总体而言，我国立法活动的利益相关人主要呈现出以下特征：发展的非均衡性；体制的依附性③；发展的复杂性④。

知识产权利益集团是由共同知识产权利益诉求的个人或者群体所组成的组织。⑤ 按不同的标准可以划分为国内与国外利益集团、合法和非法利益集团、公司型和社团型、北方集团和南方集团等。很多时候，发达国家与发展中国家的

---

① 参看王立新：《论社会分层中人民利益表达制度的建构》，《社会科学》2003 年第 10 期，第 45 ～ 50 页。

② 现有的制度内利益表达渠道虽然多，但也有研究认为实际上只有党的利益表达渠道才能进入决策中枢。这在客观上决定了其他利益集团表达渠道功能有限。参看刑乐勤、顾艳：《论中国利益集团对地方立法的影响》，《浙江学刊》2008 年第 5 期，第 166 ～ 171 页。

③ 规范性、自主性、独立性不强，对资源的获取主要依靠国家或政府对社会资源强大的整合和动员能力，传统的政府主导色彩较浓，对政府的依附性较强，有些利益集团甚至依然部分代行政府职能，具有官民两重性的角色特征。

④ 利益集团的利益诉求往往带有盲目性、无序性。互联网的出现，使不同利益集团之间的利益博弈更加多元化和复杂化。

⑤ 刘华、孟奇勋：《公共政策视阈下的知识产权利益集团运作机制研究》，《法商研究》2009 年第 4 期，第 121 ～ 129 页。

知识产权政策的推动力量就是各国的相关利益集团。[①] 在国外，知识产权利益集团通过（立法机构）内部游说、参与和影响政治选举、外部游说以及法院诉讼等方式对政策和法律的形成施加压力。内部游说方式是通过公开竞选来宣传本集团的利益诉求，以争取直接参与立法的身份。外部游说的方式包括雇佣相关人员对公职人员进行笼络活动，由此来影响知识产权政策的制订；或通过激发公众力量或与智囊团结成利益共同体，来实现自己的行动目标。由于知识产权和国际贸易的关系，不同的利益集团还常用国内结盟和国际联动的方式建立联系，共同合作创造和维持有利于自身利益的秩序。

二、美国知识产权相关利益集团及其活动

以美国为例，商业利益集团巨大的经济实力使美国政府十分重视其意见。影响美国知识产权政策制定的利益集团包括知识产权联盟（以国际知识产权联盟为代表），商会和劳工组织（以美国商会为代表），行业协会（以商业软件联盟为代表），以及与知识产权有关的律师协会（以美国律师协会为代表）。[②] 本节将简要介绍这些利益集团及其直接间接参与立法的活动。根据其服务领域是综合性还是专业性的，是专业法律服务机构还是重要的商业组织，分为以下四大类主体。

1. 重要的商业组织：美国商会（U.S. Chamber of Commerce）

美国商会是世界上最大的商业组织，于 1912 年成立，总部在华盛顿。美国商会代表着超过三百万各类型、不同规模和地区的商户。成员从夫妻店到地方商会到顶级商业联盟和大公司。它的目标是通过商会的联盟加强美国的经济，对于税收和改革、资本市场、能源、可信赖的安全的基础建设、卫生保健、法律改革（legal reform）、国际贸易和投资、创新、竞争性的劳动力以及监管规则的改革（regulatory reform）都是美国商会关注的重心。商会的主要活动是发展和完善影响商业的主要政策。美国商会下的委员会、分会、工作组、咨询

① 但不同国家的利益集团活动的侧重点有所不同：一般而言，发达国家利益集团侧重于对发明者和生产者的权利保护；发展中国家利益集团则侧重于药品、软件和生物技术等领域发明的受益范围。

② 参看刘恩东：《利益集团与美国知识产权政策》，《国际资料信息》2009 年第 9 期，第 1 ～ 6 页。

团包括了超过 1500 名来自成员公司、组织和学术团体的代表，他们提供志愿服务。几乎在每个方面，重要的政策都受美国商会的影响。美国商会通过两种方式影响政策的制定：商会的成员是各个领域的专家，他们为政策提供可信赖的咨询建议；更重要的是，商会成员本身就是政策制定者之一，他们保证着民主的形式。[①] 美国商会近年来在知识产权保护方面也采取了一系列重大措施。特别值得一提的是美国商会已在北京成立以中国为中心的全球性机构保护知识产权并进行立法游说。[②]

2. 专业性知识产权协会：国际知识产权联盟（International Intellectual Property Alliance）、国际反假冒联盟（International Anti-counterfeiting Coalition）、美国商业软件联盟（Business Software Alliance）、国际商标协会（International Trade Mark Association）

国际知识产权联盟（International Intellectual Property Alliance，IIPA）是美国最大的民间知识产权联盟组织。以促进对版权作品的国际保护为己任的 IIPA 成立于 1984 年，主要代表以版权为基础的产业。IIPA 由多个行业协会组成，代表着 3200 多家公司。多个行业协会包括商业软件联盟（BSA）、出版商协会（AAP）、娱乐软件协会（ESA）、独立电影电视联盟（IFTA）、美国电影协会（MIAA）、美国唱片业协会（RIAA）等。[③]IIPA 知名成员包括微软、Adobe、华纳兄弟、索尼、20 世纪福克斯、迪士尼、派拉蒙、米高梅、任天堂（Nintendo）和电子艺术公司（Electronic Arts Inc.）等全球著名公司。这些大公司组成的利益集团与美国政要部门例如贸易代表处、商务部、财政部及司法部等部门密切合作，形成“共生关系”。[④] 例如，美国政府对美国电影协会（MIAA）的立法游说要求积极回应，官方代表明确表示他们在海外代表好莱坞及其他娱乐业和知识产权业的工作是符合国家利益的。很多时候这些大的产业联盟的影响直接深入立法过程，它们的利益在立法决策之初就被考虑。美国政府内部许多部

---

① 参看美国商会官网介绍，https：//www.uschamber.com/about-us/about-us-chamber/policymaking-process，2016 年 8 月 24 日、2018 年 10 月 20 日访问。

② 参看刘恩东：《利益集团与美国知识产权政策》，《国际资料信息》2009 年第 9 期，第 1～6 页。

③ 参看国际知识产权联盟（IIPA）官网，http：//iipawebsite.com/aboutiipa.html，主要的协会包括：Association of American Publishers，Entertainment Software Association，Independent Film & Television Alliance，Motion Picture Association of America，and Recording Industry Association of America，2016 年 8 月 24 日、2018 年 10 月 20 日访问。

④ 参看何兴强：《美国知识产权政策制订中的利益集团因素》，《中国社会科学院院报》2006 年 10 月 10 日第 003 版。

门例如美国商务部国际司、财政部国际司直接为那些在国外进行投资的美国企业和公司做代言人，维护它们的利益。例如美国贸易代表处（USTER）的任务就是推动美国贸易，为自由贸易清除障碍，帮助美国企业和公司克服其他国家设置的贸易壁垒。[①]

国际反假冒联盟（International Anti-counterfeiting Coalition，IAC）于 1979 年成立，是由超过 40 个国家和地区、超过 250 家公司和社团组成的非营利性民间组织，包括服装、化妆品、电子产品、化工产品、娱乐媒体、高尔夫、药品、互联网、烟草、产品安全、鉴定（certification）、调查员（investigators）等行业。[②] 该联盟每年集会交流信息，讨论相关立法进展等问题并出版《国际反假冒活动联盟公报》。[③] 该联盟向国内外知识产权官员提供培训，通过这种方式间接影响立法和执法。

商业软件联盟（Business Software Alliance，BSA 或简称为软件联盟）在各国政府面前及国际市场上代表着全球软件行业的声音。其成员包括全球最具创新精神的企业，他们开发的软件解决方案能够促进经济的增长，同时改善现代生活。软件联盟总部位于华盛顿特区，并在全球 60 多个国家和地区拥有分支机构。软件联盟为促进正版软件的使用而开展合规项目的推广，同时积极呼吁制定公共政策，培育技术创新并促进数字经济的增长。[④] 软件联盟的工作主要包括反盗版及合规性项目。软件联盟致力于拓展正版软件的全球市场，同时特别关注全球最重要的新兴市场。从 20 世纪 90 年代开始，联盟每年定期发布一份关于全球软件盗版率的研究报告，以制定和宣传这类评价标准的方式间接影

---

① 参看何鹏：《美国贸易协议机制“快车道”立法研究》，《云南社会科学》2016 年第 2 期，第 108 ～ 113 页。

② 参看国际反假冒联盟（IAC）官网，http：//www.iacc.org/，2016 年 8 月 24 日、2018 年 10 月 20 日访问。

③ 参看刘恩东：《利益集团与美国知识产权政策》，《国际资料信息》2009 年第 9 期，第 1 ～ 6 页。

④ 软件联盟通过一系列活动达到上述目标。一、调查与维权：联盟每年会从终端用户、分销商、执法机构、成员公司以及附属协会，征集并收到数千份软件盗版报告。在必要情况下，软件联盟会对此类报告进行调查并提起民事诉讼，以制止软件盗版行为。软件联盟会将相当严重的案件提交给国家执法机构，提起刑事诉讼。二、打击互联网盗版：软件联盟使用最新技术，对盗版软件通过在线拍卖网站、点对点站点以及其他互联网渠道在网上进行销售的情况进行追踪。每一年，软件联盟会对互联网服务提供商以及网站经理人发出数千条请求，要求其移除他们网站上的盗版软件。三、软件资产管理（SAM）：软件联盟为用户提供了各种工具和资源，帮助机构用户对其软件资产进行管理，以降低其合规性风险并实现投资回报率的最大化。软件联盟软件资产管理优势（SAM Advantage）项目是一个长期性项目，旨在帮助公司更加方便地长期采用由国际标准组织（ISO）发布的全球软件资产管理标准。四、教育：软件联盟在防止软件盗版及其对社会的危害方面，最有效的方式之一是提升公众对盗版的负面影响的认识，其中宣传方式包括新闻媒体报道、学校以及在相关社区进行直接宣传。软件联盟的会员包括微软、戴尔、惠普、思科、IBM、英特尔、苹果电脑、Adobe 等世界著名的信息产业公司。见软件联盟官网介绍，http：//www.bsa.org/about-bsa，2016 年 8 月 24 日、2018 年 10 月 20 日访问。

响立法。

国际商标协会（International Trade Mark Association，ITMA）是一个非营利性组织，成立于 1878 年，最初由十数个商人和工厂主创立，以“保护和促进商标所有人的权利”。现在的 ITMA 是一个由商标所有人和专业人士组成的全球性的协会，以支持商标及其相关的知识产权，最终保护消费者的权利，促进更公平和效率的商业活动。[①]ITMA 成员对全球 GDP 有突出贡献。协会代表了超过 3 万的商标所有人，包括了从大公司到小公司以及中等规模的企业、法律事务所以及非营利性机构，也包括了一些政府机构的成员，以及以个人身份参加的教授和学生成员们。协会为全球的商标事务提供咨询工作和教育、信息以及法律服务。通过咨询、教育服务以及法律服务，协会宣传自身的理念并落实利益。

3. 综合类知识产权协会：知识产权所有人协会（Intellectual Property Owners Association）

知识产权所有人协会（Intellectual Property Owners Association，IPOA）创立于 1972 年，是为专利、商标、版权和商业秘密所有人服务的协会。它为所有产业和所有技术领域的知识产权人服务。知识产权所有人协会为成员提供广泛有效的帮助，包括：支持成员参与有关立法和国际性的事务；分析当前的知识产权问题；提供信息和教育服务；对公众发布重要的知识产权信息。成立知识产权人协会的目的是因为知识产权人相信知识产权能够鼓励创新和投资，可以应对全球性的挑战以及改善人们的生活。协会致力于促进高质量的权利和有效和谐的系统以促进所有产业的最大化创新并改善民生。知识产权所有人协会有以下原则：代表知识产权所有人的利益；相信知识产权推动创新，促进经济繁荣；有效的、可实施的知识产权是发展经济的基础；发展知识产权所有人的利益需要全球对话和合作；协会致力于满足所有成员的需要，在成员之间建立联系，并持续地交换信息；确保知识产权体系面对所有产业和技术都能公平地运行；对专家、专职人员和公众提供持续的教育，使人们理解发展知识产权体系的益处所在；与全球的政府知识产权部门、规则制定者以及知识产权政策的立法者保持不间断地联系与合作；在足够的成员支持协会参与改革或

① 国际商标协会的会员来自 190 个国家超过 6700 个组织，它们每年为全球的 GDP 共同贡献了几乎 12 万亿美元的产值。作为对比，2015 年全球前三大市场的年 GDP 是中国 109000 亿美元，欧盟 162000 亿美元，以及美国 179000 亿美元。见国际商标协会官网，http：//www.inta.org/About/Pages/Overview.aspx，2016 年 8 月 24 日、2018 年 10 月 20 日访问。

立法行动时，积极引领知识产权革新或影响知识产权政策。[①] 截至2016年，知识产权所有人协会有30个常规知识产权委员会为八个领域的知识产权政策、法律和实践服务。委员会对董事会对当前的政府、公共事务和商业事项以及改革建议提供报告。2016年，据知识产权所有人协会的官网的信息，笔者统计现在该协会会员包括200多家公司，包括苹果、惠普、微软、LG等全球知名的大企业，以及全球90多家律师事务所，包括中国上海的中伦律师事务所（Zhong Lun Law Firm）、北京东方亿思知识产权代理有限责任公司（Beijing East IP Ltd.），以及北京珩瑜律师事务所（Beijing IParagon Law Firm）等国内知名的律师事务所。

4. 相关律师协会：美国律师协会知识产权部（American Bar Association，Section of Intellectual Property Law）、美国知识产权律师协会（American Intellectual Property Law Association）

美国律师协会知识产权部（American Bar Association，Section of Intellectual Property Law）于1894年成立，是世界上规模最大的知识产权团体，拥有会员20000余名，其中律师会员16000余名、合伙人会员800余名、法律学生会员近3000名。[②] 现在该组织下设专利部门、商标和不正当竞争部门，版权部门，特别知识产权事项部门，专业事项部门、诉讼或其他争端解决以及相关事务部门，以及信息技术部门等几个大的部门，每个部门再细分为多个委员会。美国律师协会知识产权部在美国国内和世界上都有较大的影响。

美国律师协会不仅积极参加国内的立法和政策制定，影响美国国内知识产权法律的改革，还积极参与国际规则甚至他国知识产权法律法规制定的活动。例如，2012年，美国律师协会知识产权部就针对中国著作权法修改草案提出书面的联合意见书，对于2012年中国的专利法修改草案也提供了书面的联合意见书，2014年又针对中国国家工商行政管理总局起草的《工商行政管理机关禁止滥用知识产权排除、限制竞争行为的规定（征求意见稿）》提供书面的联合意见书，2015年针对我国最高法关于知识产权与竞争纠纷保全案件司法解释（征求意见稿）提交书面联合意见。可见美国律师协会知识产权部在影响和塑造全球知识

① 见知识产权所有人协会官网介绍，http://www.ipo.org/index.php/about-ipo/，2016年8月25日、2018年10月20日访问。

② 见国家知识产权局数据，http：//www.sipo.gov.cn/gjhz/gjwl/201310/t20131023_832356.html，2016年8月25日、2018年10月20日访问。

产权体系上的积极参与者角色。

美国知识产权律师协会（American Intellectual Property Law Association，AIPLA）是美国国内的律师协会，由私法、公司领域的律师、政府部门的律师以及学术部门的律师组成，成员有接近 14000 人。协会成员直接或间接参与专利、商标、版权和不正当竞争的法律业务以及其他影响知识产权的法律领域。协会成员为知识产权所有者以及使用者提供服务。协会成立于 1897 年，由 27 名董事的董事会领导，总部在弗吉尼亚州的阿灵顿。协会下设超过 45 个行政和实体的委员会。协会通过立法、联邦法规以及法院中的知识产权案例积极参与塑造美国知识产权政策，并有意成为一个世界性的公司以减少采购和实施专利以及商标的成本，定期参加世界知识产权组织的会议，与他国知识产权官员和从业者保持紧密联系。协会每年召开三次会议，冬季、春季和秋季各一次，对知识产权最新发展提供教学研讨会。①

从对上述美国知识产权相关利益集团及其活动的介绍可见，美国知识产权利益集团通过组成协会、联盟的形式，积极推动知识产权保护的相关立法，主动参与国内立法，到国会相关的听证会上作证，对国会议员和相关人员进行立法游说，或者以专家身份提供专业知识直接进入立法正式渠道。此外，利益集团积极配合立法机关和政府相关部门开展工作，主动提供有利于自身利益的产业相关信息和调查报告，间接影响立法。例如国际知识产权联盟（IIPA）、商业软件联盟（BSA）提供的年度报告的数据被广泛引用，有较大的公信力和影响力。利益集团不仅积极参与国内立法活动，监督国内执法，还积极参与将国内知识产权保护标准国际化的活动，在知识产权利益集团的不断努力下，与贸易有关的知识产权议题终于被列为乌拉圭回合谈判的重要议题之一，并且在多次谈判后形成了 TRIPS 协议，将知识产权保护纳入关贸总协定的规则管辖之下，知识产权成为世贸组织认为的世界贸易体系的三大支柱之一。以美国知识产权利益集团为代表的西方国家利益集团，对他国的知识产权法律体系的产生和发展形成外部压力，一方面促使不发达国家尽快建立知识产权法律体系，参与多边和双边知识产权保护的国际合作中，另一方面通过贸易制裁等手段迫使不发达国家提高知识产权保护水平，维护利益集团在他国的利益。

---

① 见美国知识产权律师协会官网介绍，http：//www.aipla.org/about/who/Pages/History.aspx，2016 年 8 月 25 日、2018 年 10 月 20 日访问。

三、我国知识产权相关利益人及其活动

与美国不同，我国的知识产权相关利益人的活动始终在政府的引导下，以辅助政府的工作、实现政府的战略目标为己任。虽然我国的知识产权相关利益人也直接或间接地参与立法，但始终是在政府指导下的立法活动。我国政府重视商业利益集团的利益和诉求，但和西方发达国家由私人集团启动和影响政府立法完全不同。官网可查到的影响我国知识产权政策制定的利益集团主要有以下几类：专业性知识产权联盟（如中国版权协会），商会和劳工组织（如中华全国工商业联合会），行业协会（如中国作家协会），以及与知识产权有关的研究协会（如中国知识产权研究会为代表）。本节将简要介绍这些组织直接或间接参与立法的活动及形式。根据其服务领域是综合性还是专业性的，是专业法律服务机构还是重要的商业组织，分为以下四大类主体。

1. 专业性知识产权协会：中国版权协会（Copyright Society of China）、中国文字著作权协会（China Written Works Copyright Society）、中国电影著作权协会（China Film Copyright Association）、中国摄影著作权协会（Images Copyright Society of China）、中国音像著作权集体管理协会（China Audio-Video Copyright Association）、中国音乐著作权协会（Music Copyright Society of China）、中国专利保护协会（Patent Protection Association of China）、中华全国专利代理人协会（All – China Patent Agents Association）、中华商标协会（China Trademark Association）

根据中国版权协会官网的介绍，中国版权协会（CSC）是从事版权理论研究的全国性学术团体。CSC 致力于协助国家立法、司法和行政管理部门推动版权法的实施，促进版权立法、司法与管理的理论研究。[①] 根据官网的信息，CSC 参与了诸多法律法规的立法，包括《中华人民共和国著作权法（2001）》《计算机软件保护条例（2001）》《中华人民共和国著作权法实施条例（2002）》《著作权集体管理条例（2004）》《信息网络传播权保护条例（2006）》等。

中国文字著作权协会（CWWCS）是由中国作家协会、国务院发展研究中心等十二家著作权人比较集中的单位和五百多位我国各领域著名的著作权人共

① 见中国版权协会官网介绍，http：//www.csccn.org.cn/a/xiehuijianjie/，2016 年 8 月 30 日、2018 年 10 月 20 日访问。

同发起的非营利性社团，是我国唯一的文字作品著作权集体管理机构。[①]CWWCS的主要任务和目标是从事著作权服务、保护和管理，维护著作权人合法权益。CWWCS 通过调查研究、比较研究国内外文字著作权保护发展等方式，向人大和著作权行政管理机关提出相关建议，间接影响立法。

中国电影著作权协会（CFCA）成员包括中国电影所有主要制片单位。CFCA 对广播权、信息网络传播权、部分放映权、复制权、出租权以及其他可以集体管理的权利进行管理。[②]从官网中公布的协会任务和宗旨以及以往重要事件的记载中，并没有关于参与相关立法活动的记载，但与电影相关的立法很难不咨询或者无视 CFCA 或其主要成员单位的意见。

中国摄影著作权协会（ICSC）是国内唯一从事摄影著作权集体管理的社团法人机构。ICSC 通过对相关权利（如复制权、发行权、展览权、放映权、广播权、信息网络传播权等）的集体管理，维护摄影作品权利人及其相关权利人的合法权益，推动整个行业的繁荣发展。[③]而与之相关的中国摄影家协会（China Photographers Association，CPA）由摄影家组成的专业性人民团体，CPA 目前拥有全国性的团体会员近六十个，个人会员两万余人。[④]虽然 ICSC 和 CPA 的官网公布的协会宗旨和任务以及重大事件和活动中，都没有参与相关立法的活动，但作为最有影响力的全国性摄影组织，与摄影相关的立法应当咨询其主要团体和代表的意见。

中国音像著作权集体管理协会（CAVCA）是我国唯一音像集体管理组织，依法对音像节目的著作权以及与著作权有关的权利实施集体管理。CAVCA 的业务范围中第五条明确写明了与海外同类组织签订相互代表协议，以及第六条关于通过提供立法建议参与国内立法。

中国音乐著作权协会（MCSC）是专门维护作曲者、作词者和其他音乐著作权人合法权益的非营利性机构，是目前我国大陆地区唯一的音乐著作权集体

---

① 见中国文字著作权协会官网，http：//www.prccopyright.org.cn/staticnews/2010-01-28/1001281456 35437/1.html，2016 年 8 月 30 日访问．

② 由于笔者查询时中国电影著作权协会数据库在更新中，http：//www.cnfor.org/index.php，有关信息转引自中国版权协会官网，http：//www.csccn.org.cn/a/xiangguanjigou/20140723/67.html，最后访问 2016 年 8 月 30 日。

③ 在笔者查询之时，中国摄影著作权协会官网无法登陆，相关信息摘自中国网，http：//www.china.com.cn/guoqing/zhuanti/2015-09/06/content_36508854.htm，最后访问 2016 年 8 月 30 日。

④ 见中国摄影家协会官网，http：//www.cpanet.org.cn/xiehuijianjie.html，2016 年 8 月 30 日、2018 年 10 月 20 日访问。

管理组织。MCSC下设九个职能部门，效力工作人员已逾六十人。MCSC内部的法律部门具有对外宣传、交流及学术研究的多重职能。[①]MCSC官网上显示协会在国际合作方面，在CISAC的框架下，已与五十多个国家和地区的同类组织签订了相互代表协议，间接参与国际相关立法的博弈活动。

中国专利保护协会（PPAC）是全国性、专业性、非营利性社会团体，是知识产权领域政府与企业之间的桥梁与纽带。[②]PPAC业务范围包括向有关部门反映企事业单位的诉求，为国家制定法律法规和政策提供意见和建议，涉及参与立法的活动。在专利联盟的《行业专利保护战略联盟章程（草稿）》中，在第九条有关于开展调查研究，就本行业所需公平、公正、公开的公共环境相关政策、法规和做法向政府有关部门提出协调建议，从文字表述上看，更侧重于协助、辅助性的立法活动，并非直接作为利益集团代表进行立法博弈。

中华全国专利代理人协会（ACPAA）是由中华人民共和国的专利代理人组成的自律的全国性的行业性非营利社会组织。[③]ACPAA职责的第（二）条：加强并完善行业管理和自律，制定专利代理人执业规范和道德标准，并监督实施；第（五）条：组织收集和研究知识产权法规和专利代理制度建设的意见，并向国家知识产权局和有关部门提出建议，协调行业内、外部关系。可见ACPAA的规则制定主要是指内部的执业规范和道德标准，对外是协助国家知识产权局和有关部门的工作，提供建议的行为，也是较为间接的立法博弈活动。

中华商标协会（CTA）是我国商标界具有一定影响力的全国性民间社团组织。CTA的成员包括国内著名企业和地方商标协会、商标代理机构、法律及学术界的专家等。CTA的职责包括对国内外商标发展趋势以及我国商标发展战略和重大问题进行调查研究，并提出工作建议等。[④]在CTA官网的重大事件中，大多是关于司法和行政方面的内容，没有代表利益群体直接参加立法博弈的内容。但在官网国际交流板块，可以看到CTA参与相关国际规则磋商和立法的活动，例

---

① 见中国音乐著作权官网，http：//www.mcsc.com.cn/index.html，2016年8月30日、2018年10月20日访问。该网站不仅有相关立法链接，也公布了相关案例，设置“法律课堂”，还有英文版介绍，网站建设较好。

② 见中国专利保护协会官网，http：//www.ppac.org.cn/list.php？ catid-35.html，2016年8月30日、2018年10月20日访问。

③ 见中华全国专利代理人协会官网，http：//www.acpaa.cn/article/single/9.jhtml，2016年8月30日、2018年10月20日访问。

④ 见中华商标网官网介绍，http：//www.cta.org.cn，2016年8月30日、2018年10月20日访问。

如与国际商标协会举行双边会谈、会员参与 WIPO 民意调查等活动。

2. 行业协会：中国作家协会（China Writers’ Association）、中国发明协会（China Association of Inventions）、中国软件行业协会（China Software Industry Association）

中国作家协会（CWA）是我国作家自愿结合的专业性人民团体。CWA 现有团体会员超过四十多个，近万名个人会员。虽然从 CWA 官网上看不到有关作协代表作家进行立法活动（例如《著作权法》）的任何信息，但 CWA 的主要任务包括反映作家的意见和要求，依据宪法和法律的规定，维护会员的合法权益等，与《著作权》相关的立法很难忽视 CWA 主要成员的利益和意见。①

中国发明协会（CAI）的单位会员超过四十多个，个人会员近两千人，CAI 主要是维护发明者的利益，会员包括科学家、发明家和一般的技术人员、能工巧匠等。②CAI 官网的任务描述中写明 CAI 可以成为中国发明人的代表，参与国内、国际相关法律和规则的制定活动。

中国软件行业协会（CSIA）是唯一代表我国软件产业界、具有全国性一级社团法人资格的行业组织。CSIA 的任务包括政策研究等方面的工作，目前共有会员单位共有三千多家，其中直属会员单位近千家。CSIA 会员单位主要是广大软件企业。除了全国著名的软件及信息服务的大企业之外，还包括高校和科研机构等。③CSIA 官网上的协会章程的第二条：对本行业发展的技术经济政策、法规的制订进行研讨、提出建议，并积极宣传贯彻有关政策法规。第十条：协助政府有关部门继续完善和贯彻执行与软件知识产权保护相关的法律法规。可见 CSIA 能参与立法的活动，但强调更多的是研讨、建议以及协助政府有关部门的工作，间接进行立法博弈的活动。

3. 商会：中华全国工商业联合会（All－China Federation of Industry and Commerce）、中国国际商会（China Chamber of International Commerce）、中国国际贸易促进委员会（China Council for the Promotion of International

① 见作家协会官网，http：//www.chinawriter.com.cn/zxjg/，2016 年 8 月 30 日、2018 年 10 月 20 日访问。

② 在笔者查询时，中国发明协会官网，http：//www.cainet.org.cn 的系统正在维护中，相关信息转引自国家知识产权局，http：//www.sipo.gov.cn/gk/zzjg/jgjs/zgshttjs/200804/t20080401_364061.html，2016 年 8 月 30 日、2018 年 10 月 20 日访问。

③ 见中国软件行业协会官网，http：//www.csia.org.cn/htm/about/about-con02.html，2016 年 9 月 2 日、2018 年 10 月 20 日访问。

Trade）

中华全国工商业联合会（ACFIC 简称全国工商联，又称中国民间商会）是面向工商界、以非公有制企业和非公有制经济人士为主体的人民团体。ACFIC 主要职能作用包括参与政治协商，积极参政议政，反映非公有制企业和非公有制经济人士利益诉求等。[①]ACFIC 成员广泛，包括私营企业、非公有制经济成分控股的有限责任公司和股份有限公司、港澳投资企业等，私营企业出资人、个体工商户、在内地投资的港澳工商界人士、原工商业者等。全国会员多达四百三十万人，企业会员二百三十多万人，个人会员超过两百万人，团体会员五万多人，共有县级以上工商联组织三千四百个以上，各级工商联所属商会共有四万多个。ACFIC 影响力较大，已经同世界上一百多个国家和地区的超过四百个组织、机构、商会、企业等建立了联系与合作。[②] 从其官网介绍可见 ACFIC 在参政议政、参与立法、反应诉求等方面有明确的自我定位，有较广泛的影响力，是国内较为明显的利益集团代表。

中国国际商会（CCOIC，在开展与国际商会有关业务时使用国际商会中国国家委员会 ICC China 名称）是代表中国参与国际商会（ICC）工作的国家商会，由在中国从事国际商事活动的企业、团体和其他组织组成的全国性商会组织组成。CCOIC 代表中国工商界向国内外相关部门反映利益诉求，参与国际经贸规则的制定。[③]CCOIC 官网中关于业务范围的第十条写明 CCOIC 可直接参与立法：（中国国际商会）参与国际商事规则与惯例的制定和修改。选推中国企业家代表和专家到国际商会及其专业委员会、专门工作组和其他国际组织任职，代表中国工商界和有关行业的立场和利益，参与、影响、引导国际商事规则与惯例的制定和修改。

中国国际贸易促进委员会（CCPIT）是由我国经贸界的代表性人士、企业和团体组成的民间对外经济贸易组织。CCPIT 的主要职责中关于参与立法的有：在外经贸领域代言工商，参与经贸政策法规制定、对外经贸谈判和国际商事规则制定。在其官网的职责第六条明确写明：CCPIT 代表贸促会和商界向国家立

① 见全国工商联官网介绍，http：//www.acfic.org.cn/web/c_0000000100010001/，2016 年 8 月 30 日、2018 年 10 月 20 日访问。

② 数据引用自全国工商联官网介绍。

③ 见中国国际商会官网介绍，http：//www.ccoic.cn/info/info_8a8080ad4ff7e282014ff8a90334000f.html，2016 年 8 月 30 日、2018 年 10 月 20 日访问。

法部门提供立法建议，参与制订、修改、翻译国际贸易惯例以及制定编撰国际商事惯例。①CCPIT 代表经贸界积极参与国内、国际立法是其主要职责之一。

4. 研究性组织、咨询类组织：中国知识产权研究会（China Intellectual Property Society）、中国知识产权法学研究会（Intellectual Property Law Association）、国际保护知识产权协会中国分会（International Association for the Protection of Intellectual Property）

中国知识产权研究会（China Intellectual Property Society，CIPS）是由从事知识产权研究的个人和单位自愿结成的全国性学术性公益性社会团体。CIPS 的主要职责是开展知识产权学术研究和交流以及开展继续教育和培训工作等。② 从官网上 CIPS 职能及活动介绍中虽然没有关于代表学术团体进行立法博弈的活动，但 CIPS 通过向立法机关和政府输送和培养知识产权人才、普及知识产权知识等方式可以间接影响立法。

中国知识产权法学研究会（IPLA）是由全国知识产权法学工作者、法律工作者和相关单位组成的非营利性社会团体。IPLA 主要职能包括开展知识产权法制理论研究和学术交流；开展对外学术交流与合作，扩大我国知识产权法制理论的对外影响；加强知识产权法制研究与法学教育的联系，促进知识产权法制人才培养等。③ 从 IPLA 官网的协会宗旨、动态、案例分析看，知识产权学术团体参与立法的活动并不明显。

国际保护知识产权协会（AIPPI）中国分会的成员超过三百五十多个，成员来自国内知识产权主管部门、知识产权代理事务所、大学科研单位以及企业。④AIPPI 中国分会对国际、国内知识产权问题进行调查研究并向国内、外有关方面提出建议，这一工作内容和间接参与立法相关。⑤

从以上这些协会、联盟官网发布的信息看，国内的知识产权利益相关人与发达国家相关利益集团不同，很少积极主动参与推动知识产权保护的相关立法

---

① 见中国国际贸易促进委员会官网，http：//www.ccpit.org/Contents/Channel_3549/2015/0216/447528/ content_447528.htm，2016 年 8 月 31 日、2018 年 10 月 20 日访问。

② 笔者查询时，中国知识产权研究会官网系统维护中，http：//www.cnips.org。相关信息转引自国家知识产权局，http：//www.sipo.gov.cn/gk/zzjg/jgjs/zgshttjs/201310/t20131025_860462.html，2016 年 8 月 30 日、2018 年 10 月 20 日访问 .

③ 参看知识产权法学研究会官网介绍，http：//iplaw.org.cn/index.asp，2016 年 8 月 31 日、2018 年 10 月 20 日访问。

④ AIPPI 为非营利性组织，总会设在瑞士，现有近七十个国家和地区分部，会员有九千多人，是联合国世界知识产权组织最主要的非政府性知识产权咨询机构。

⑤ 见国际保护知识产权协会中国分会官网介绍，http：//www.aippi-china.org/jj/，2016 年 8 月 31 日、2018 年 10 月 20 日访问。

活动，缺乏主动寻求参与立法活动的动机，基本上没有进行类似于西方的立法游说活动，即使以专家身份提供专业知识也仅仅是辅助政府相关部门的工作而非直接参与立法。国内的利益集团较少强调自我独立身份，更多地强调积极配合政府相关部门开展执法合作、主动向政府和执法部门提供信息和调查报告协助相关部门执法。几乎所有的国内协会、联盟的成立宗旨中都写明在政府部门的领导之下。部分协会在其章程或任务里直接写明了代表会员参与立法活动，例如中国版权协会、中国文字著作权协会、中国音像著作权集体管理协会、中华全国工商业联合会、中国国际商会以及中国国际贸易促进会。很多协会的章程、任务以及以往重大事件记录中都未反映出参与立法的活动，例如中国作家协会、中国电影著作权协会、中国摄影著作权协会、中国发明协会、中国专利保护协会、中华全国专利代理人协会、中国知识产权研究会以及国际保护知识产权协会中国分会。或许其中部分协会事实上参与过立法活动，但至少它们并没有将参与立法视为重大事件和主要职责。

第四节　知识产权立法目的的转变

从立法中的实用主义研究知识产权立法既不是从抽象的原则、既定的公理、国际通说等角度着手，也不是从主权者的命令、政策影响、外部环境等因素开始解释，而是着重于分析知识产权立法活动的参与者对于法律创制活动的影响力。前文分析了知识产权立法中的利益集团，并列举了我国相关有影响力的知识产权领域的协会、组织等。对比国外的利益集团，我国的知识产权相关利益人的立法参与程度显得较为被动和有限，政府主导地位更为明显。究其原因，也许正如冯象在《政法笔记》弁言中敏锐地指出，中国与美国不同，在中国，政治和法律的关系是紧密联系并且前者指导着后者。现实情况是政、法不可分，

“法律是政治的晚礼服”。[①] 苏力在解释同一现象时也指出：从政治治理或功能的角度来看，法治其实是现代社会的一种政治策略；法治建设其实是一种社会政治力量和资源的重新配置。[②] 而制度的确立是一种政治力量对比的产物。[③] 因此，从实用主义的角度看，政府引导的立法既反映了我国的社会现实，也可能是较为经济和效率的社会治理方式。

实用主义重视对未来事件和行为的指引的效果。在西方国家，利益集团甚至可以操控政府的决策，可能的原因是其政府的权威有限。在我国，政府的权威高于其他权威，也因此在我国最有效的引导来自政府而非民间。西方国家的利益集团积极参与立法游说、进行立法操控，希望未来的政策法律按照利益集团希望的走向发展。针对我国立法实用主义应当研究的核心问题不是利益集团是否在立法活动中实现自己的利益，而是政府对未来事件和行为的指引是什么，政府希望达成什么样的效果，政府希望如何通过法律治理社会。

一、从应对“入世”到发现“国内需求”

从实用主义的视角研究知识产权国内立法，就不能仅仅从知识产权的原理、概念、西方渊源、传统、案例入手，而首先应当从政府的意图入手。通过知识产权法律，我国政府希望达成什么效果，实现什么目标，如何治理社会？

许多研究资料显示，在 20 世纪 90 年代初期，我国政府的许多立法意图很明确，为了应对“入世”。如果不“入世”，就无法享受美国的正常贸易关系（即无条件最惠国）待遇，也受欧盟的歧视性配额限制。另一方面，当时的外贸极度依赖与世贸组织成员的交往，发生纠纷时却无权引用多边争端解决机制，只能从双边政治关系上解决，在国际贸易中常常处于被动地位。由于无权引用乌拉圭回合反倾销协议和反补贴协议下的权益，我国常成为歧视性反倾销反补贴的首要对象。[④] “入世”之后，对于类似针对中国的单方面的制裁，我国可借助

---

① 冯象：《政法笔记》，北京大学出版社 2012 年版，弁言部分。冯先生此书出版于 2012 年，但弁言写成于 2003 年，十多年过去，现在我国的法官、律师已经逐步走上职业化、专业化的道理，法律的权威有限以及法学院文凭贬值等现象却依然。

② 参看苏力：《制度是如何形成的》，北京大学出版社 2007 年版，第 225 页。

③ 苏力：《制度是如何形成的》，北京大学出版社 2007 年版，第 56 页。

④ 据统计 20 世纪 90 年代国外对中国反倾销案达三百起以上，美国动辄以 301 条款为由对中国实施调查。

WTO 的仲裁机制，多了一个申诉的渠道。另外，如果中国能参与国际贸易规则的制定，应对冲突时就不再被动。

20 世纪 90 年代是新自由主义全球化的黄金时期。我国当时的政策试图通过促进出口来取得经济的高速增长，但改革开放从一开始就受到要求实施大规模经济自由化的国际体系的巨大压力。在中美就市场准入达成协议之后，我国同意削减贸易壁垒以换取继续保留最惠国待遇。在对外开放贸易市场的过程中，我国期望来自西方工业化国家的跨国公司向中国转让技术，也就是通过以市场换技术为核心的外部整合发展战略，在刺激出口的同时，对外资实行大规模开放。[①] 入世意味着中国须遵守相关国际规则和承诺，因此国内的法律条文和司法制度需要进行调整，与国际通用的法律法规相协调。在入世的时代背景下，我国立法机关积极地对与贸易有关的知识产权法进行了立法、修法活动。简言之，20 世纪末 21 世纪初的知识产权立法、修法的目的是为了应对入世的要求，通过订立与国际接轨的知识产权规则体系，接受发达国家将知识产权与贸易挂钩的要求，通过促进贸易以促进经济增长。

“入世”十数年之后，实用主义立法研究应当明确的是当前的政府希望通过知识产权法律体系达到什么样的目标？与之前相比，目标是否有调整或改变？许多研究者都认为跟入世前相比，目前的知识产权法律体系也经历了重心转移，即从应对国际规则的要求转移到应对国内需求、解决国内问题上来。

实际上，“入世”十年之后，我国就成为世界第二大经济体，进入向中高收入工业化迈进阶段，成为超级贸易大国。但同时，出口增长放缓、出口生产经营成本升高将成为长期现象。政府必须考虑实现外贸增长方式的根本转变，不能再继续依靠高投入、高消耗的传统外贸增长方式。2008 年《国家知识产权战略纲要》（以下简称《纲要》）颁布，其战略目标写明：到 2020 年知识产权制度对经济发展、文化繁荣和社会建设的促进作用充分显现。《纲要》中的战略重点指出要强化知识产权在经济、文化和社会政策中的导向作用，以及要强化科技创新活动中的知识产权政策导向作用……逐步提高知识产权密集型商品出口比例，促进贸易增长方式的根本转变和贸易结构的优化升级。选择若干重点技术

---

① 参看巫云仙：《西方学者怎么看中国“入世”这十多年》，http：//view.news.qq.com/a/20140106/004114.htm，2016 年 9 月 14 日、2018 年 10 月 20 日访问。

领域，形成一批核心自主知识产权和技术标准等。①

《纲要》明显突出了自主知识产权的重要性，聚焦于国内市场和企业，致力于推动形成核心自主知识产权和技术标准。《纲要》颁布后，十数个部委先后出台了落实知识产权战略的实施意见或具体工作方案，但外贸领域的知识产权战略实施并未引起应有的重视。② 在知识经济和全球化时代，知识产权是国际经济竞争的核心要素，因此，制定国家知识产权战略的目的不仅在于促进本国经济发展，还在于增强本国的国际竞争力和综合国力。

《纲要》显示出希望通过知识产权对国内市场和企业的振兴，同时不能忽视的是，国家知识产权战略也体现着国际经济竞争战略。提高我国的核心竞争力是《纲要》的重要内容，具体表现在增强自主创新能力、增强企业在国际市场上的竞争力等方面。《纲要》所表现出的重心转移只是表面或者手段，实际上的意图仍是被动应对国际规则市场的需求。国家统计局 2015 年国民经济和社会发展统计公报的数据显示，2015 年年末国家外汇储备 33304 亿美元，比上年末减少 5127 亿美元。全年货物进出口总额 245741 亿元，比上年下降 7.0%。其中，出口 141255 亿元，下降 1.8%；进口 104485 亿元，下降 13.2%。与之形成鲜明对照的是国内贸易的增长：国内贸易全年社会消费品零售总额 300931 亿元，比上年增长 10.7%，扣除价格因素，实际增长 10.6%。按经营地统计，城镇消费品零售额 258999 亿元，增长 10.5%；乡村消费品零售额 41932 亿元，增长 11.8%。按消费类型统计，商品零售额 268621 亿元，增长 10.6%；餐饮收入额 32310 亿元，增长 11.7%。③ 从近年来历年的统计公报数据分析可知，从 2011 年开始，我国的对外贸易的增长率持续降低，到 2015 年出现负增长，而国内贸易则保持了持续增长的势头。另外，第三次全国经济普查结果显示，我国高技术制造业规模不断扩大，研发投入大幅度增加，创新能力稳步提高，新产品销售收入比重逐步上升。高技术制造业产业规模不断扩大，企业数量平稳增长。高技术制造业产业经济效益较快增长，创新能力稳步提高，研发投入较快增长，工业企业研发投入不断增加，研发经费较快增长，高技术行业引领作用突出，

① 参看国家知识产权局官网有关知识产权战略专题，http：//www.sipo.gov.cn/ztzl/ywzt/zscqzl/，2016 年 9 月 15 日、2018 年 10 月 20 日访问。

② 参看徐元、于洪平：《新形势下实施外贸知识产权战略的思路与对策》，《中国软科学》2014 年第 5 期。

③ 参看中华人民共和国统计局官网，《2015 年国民经济与社会发展统计公报》，http：//www.stats.gov.cn/tjsj/zxfb/201602/t20160229_1323991.html，2016 年 9 月 17 日、2018 年 10 月 20 日访问。

内资企业主体地位得到巩固。[①] 这些数据说明，我国政府的知识产权战略重心从国际转移到国内并不是临时性的手段或对策，将重心转移到国内是符合当前经济发展现实和趋势的制度安排。

二、从“规则中心主义”到“解决实际问题”

从经济和效用的角度来看，多元社会结构并不一定必须反映在知识产权立法中。而从实用主义观念来看，知识产权立法要以解决切近的现实问题为主要目标，因此必须关照司法实践而不是与后者距离遥远。霍姆斯曾极具洞察力地指出：法律并非始于理论。法律也绝不会创设理论。[②] 在法律的演进历史中，随处充溢着曲折反复与潜移默化的作用。人们所能做的仅仅是从中发现并证明法律发展的趋势。而这种趋势实际上是从无数案例中不断归纳总结的事实问题。纯粹的逻辑推理在忽视规则演进历史的同时往往会造成对规则本身的误读。[③] 律师和法官应当考虑事物本身而非言辞，并且意识到他们使裁决与当前道德标准保持一致的这种责任，应当真正理解所有的法律最终必须遵循的公共政策的基础。[④] 实用主义哲学主张经验性的东西，反对超验性的东西，认为法律反映着这个时代已被感觉到的需要，从另一个角度来理解，即是说应该由现实社会的需要来决定法律应该是什么，而不是空谈理论。例如，美国实用主义法哲学代表人物罗斯科·庞德在《法哲学导论》中说：“为了理解当下的法律，我满足于这样一幅图景，即在付出最小代价的条件下尽可能地满足人们的各种要求。”[⑤] 之后发展出的现实主义法学继承了实用主义的经验观，认为不要从规则中寻找法律，而应从现存的法律中去寻找规则，强调书本上的法律与实践中的法律之间的区别。也因此，实用主义观念中的知识产权立法，应根据社会现实确定法律所需要保护的权利的优先顺序，以实用的目的解决纷繁复杂的社会问题。这反映在

① 国家统计局：《五年来我国高技术制造业蓬勃发展》，http：//www.stats.gov.cn/tjsj/zxfb/201412/t20141216_653666.html，2016 年 9 月 17 日、2018 年 10 月 20 日访问。
② ［美］霍姆斯：《普通法》，冉昊、姚中秋译，中国政法大学出版社 2006 年版，第 68 ～ 69 页。
③ ［美］霍姆斯：《法律实用主义》，明辉译，黑龙江大学出版社 2009 年版，第 73 页。
④ ［美］霍姆斯：《法律实用主义》，明辉译，黑龙江大学出版社 2009 年版，第 94 页。
⑤ ［美］博登海默：《法理学：法律哲学与法律方法》，邓正来译，中国政法大学出版社 1999 年版，第 147 页。

对法条主义的批判和对司法经验的重视这两方面。

“法条主义”在西方被定义为一种法学思维和态度，以及一种关于遵守规则的行为模式。法条主义思维下，法律仅仅是一套外部规则系统。[①]它不仅仅是法律职业共同体“以规则为中心”的思维模式，也是关于法律的背景理论，通过规则来看待事物和行为，认为法律一直就在那里，并且可以清清楚楚地与其他不是法律的东西区分开来。规则成为最核心最重要的东西，而人们忽略了规则是从哪里来的。法条主义让法律显得客观并且恒常不变。在法条主义的观念下，无须研究规则本身的性质。规则中心主义，以及遵守规则的正当性论述，比发现法律的渊源和内容显得更加重要。规则中心主义将规则视为客观实在一样的东西，忽略了规则的来源和历史性。在西方的理论下，终极的立法权属于主权者，并且是主权者的中心权力之一，主权者也因此就是不言而喻的立法者。立法者这个概念于是通过谁拥有主权这个问题来解释。因此，主权者的另一个名称就是立法者。在前现代社会，征服者、控制者宣称他们的主权，即最高的立法权威。他们的立法也因此被称为宣告型的立法。[②]设定规则、命令、立法就成为君主或国王的绝对权力，即谚语所称的无主权则无法律。立法权是拥有主权的最明显的标志。通过立法，主权者宣告和确认它最高的地位、权力和正当性。立法者这个名称实际上指的就是历史上的主权者。

对主权者的关注，即对规则的创造者的关注，取代了规则中心主义的历史狭隘性，但并未回应规则的社会属性，仿佛规则仅仅只是主权者意志的反映，而事实上，规则存在的主要目的应当是解决社会问题。立法实用主义强调的是规则的社会属性和规则的可操作性。在实用主义的视野下，规则并不是什么神圣、超验的东西，而是世俗、经验的产物，它产生于社会生活并且致力于解决社会生活中存在的真实问题。

知识产权立法也因此必须应对真实社会生活中的问题。在立法历史上，我国的知识产权立法经历了从一开始倚赖西方发达国家的知识产权立法经验，到被迫应对加入世贸组织后的诸多新问题的紧急立法，直到近期才开始主动解决国内的相关问题的立法这几个阶段的转变。法条主义、规则中心主义仍占据着主流的法学思维和立法者思维。如果采用实用主义的观念，则需要从法条主义、

---

① Zenon Bankowski，Living Lawfully—Love in Law and Law in Love，Kluwer，2001，p.43.

② Ingram A，A Political Theory of Rights，Oxford，1994，p.203.

规则中心主义转变到以解决实际问题为核心的立法模式上来。在实用主义的观念下，应当对当代社会有关知识产权的实际问题、需求、矛盾等进行实证研究，而不仅限于概念、逻辑、命题之上的分析。实际上，我国知识产权案例指导研究、知识产权法院的建立是近年来司法改革的试验田和先行点，标志着我国知识产权立法和司法从规则中心主义向解决实际问题的思路转变。

三、从“司法能动”到“知识产权法定主义”

实用主义在知识产权法学研究领域主要体现在知识产权自然权利和知识产权法定主义这两种主张之间的争论。持前一种主张的人认为有时候有关知识产权的立法会出现明显错误的规则或者有立法的局限，法官应当自由心证，通过司法手段有策略地给出恰当的裁决。但持后一种主张的人则认为，法官应当受到立法机构命令的约束，必须搁置法官个人的考量以保持对法律的忠诚。前一种主张是实用主义法学在知识产权法学研究领域的体现，更倾向于基于自然权利理论发展出来的司法能动主义。[①]

对司法经验的重视是实用主义在法学领域的最突出特征。在实用主义法学思想中，法官仅仅扮演着社会纠纷解决者的角色，立法者也一样。立法者对于社会问题的解决，不仅依赖立法前期的实证研究，还应当对司法实践作出合理预判和指导，在新问题出现在司法实践中后，立法应当对出现的新问题作出恰当回应。正如霍姆斯的名言：法律的生命不在于逻辑，而在于经验。感受到的时代需求、流行的道德和政治理论、对公共政策的直觉，不论是公认的还是无意识的，甚至法官及其同事们所共有的偏见，在决定治理人们的规则方面，比演绎推理影响更大。[②] 在实用主义者的眼中，法律并非始于理论，法律也绝不会创设理论，人们所能做的仅仅是从历史中发现并证明法律发展的趋势，而这种法律发展的趋势，实际上是一个从无数真实事件、案例中不断归纳总结出来的事实问题。[③] 实用主义者的视角，有时候被称为“坏人的视角”，它强调应当以

① 但由于我国的自然权利传统较为薄弱，多数学者倾向于认为在现阶段应在司法裁判活动中坚持知识产权法定主义。
② ［美］霍姆斯：《法律的生命在于经验——霍姆斯法学文集》，明辉译，清华大学出版社 2007 年版，第 82 页。
③ ［美］霍姆斯：《普通法》，冉昊、姚中秋译，中国政法大学出版社 2006 年版，第 68 ～ 69 页。

坏人的视角而不是好人的视角来看待法律。意思是说坏人只关心法律知识能使他预见的实质性后果的方面，即对法院实际上要做什么的预测。[①] 法律也因此根本不是已经完成了的既定之物，也不是一成不变的，而是永远在发展变化中，对于法律的理性研究也仍然是对于历史的研究。法官的职责是采取过去的规则和先例，并按照当前社会的需要对其加以塑造，一部健全的法律的首要条件是它应当符合社会的实际感情和要求，无论是正确的或错误的。[②] 同时，法官应当自我约束，即司法的自我约束（judicial self － restraint），是指法官应当假定立法者具有认识和理解社会问题的智慧和经验，并且假定立法者预先想到了合理的行动和措施解决这些问题，法官应当避免让个人意见影响司法判决。到了 20 世纪中叶，霍姆斯的司法自我约束原则已经成为一种确定的原则。[③]

知识产权自然权利和知识产权法定主义这两种主张之间的分歧，实际上是司法能动主义和实用主义两种思想在知识产权立法领域的不同体现。以解决实际问题为原则，强调司法的自我约束，注重历史经验的实用主义在知识产权立法领域强调：一国的知识产权立法首先应当确定了解本国与知识产权相关的实际需要、矛盾和问题，从历史和实证的角度对知识产权相关问题和解决办法进行分析、归纳和总结，要求法官相信立法者的智慧的同时也尊重司法的经验。从我国知识产权法的发展史角度来看，前期的发展并没有完全体现实用主义法学的精神，而更多体现的是法条主义、注重的是法律规则的逻辑和演绎，忽视的是本土经验的归纳和总结。我国知识产权法的发展初期，被动应对国际规则、学习他国经验、照搬和解释他国的法条成为知识产权立法、司法的主要特征，直到近期才开始将焦点转移到主动参与国际规则和标准的协商与制定、重视本国需求、总结和创造符合本国国情的知识产权法，这一转变实际上体现了我国的知识产权立法处于从法条主义到实用主义的转变过程。规则不再被视为唯一的解释核心，对现实问题的应对成为立法的重心。也因此，对知识产权司法活动、指导性案例研究、建立专门的知识产权法院的重视成为我国近年来司法改革的重要内容。

与西方发达国家不同，我国还没有形成有组织的利益集团游说，也没有西

① 参看［美］霍姆斯：《法律的生命在于经验——霍姆斯法学文集》，明辉译，清华大学出版社 2007 年版，第 210 页。

② Oliver Wendell Holmes，The Common Law，Boston：Little，Brown and Company，1923，p.41.

③［美］伯纳德·施瓦茨：《美国法律史》，王军等译，中国政法大学出版社 1990 年版，第 202 ～ 203 页。

方国家类似的立法游说正常渠道。[①] 游说仅仅是一些利益受影响者自发地，为了保护自身权利和利益的一种维权性质的行动。我国的利益集团的活动与西方高度专业化、结构化、组织化的利益集团游说不同。我国相关社团的一些利益博弈活动只是立法游说的雏形。例如民间游说推动立法主要来自以下几种主体：民间人士；学者和律师；利益团体（例如跨国公司）。改革开放以来社会结构的多元化以及多元主体的成长，产生了实际上存在的利益集团。中国立法越来越多地进行利益分配，利益主体越来越具有主体意识，开始进行多轮博弈。虽然立法游说已经隐性存在，但尚未形成规模，有许多不足，例如形式不足，仅仅包括全民讨论、立法听证、立法座谈会、论证会、书面征求意见等简单的形式，并未出现职业游说。[②] 公民立法游说的程度不深，参与的公共空间十分狭窄，零散的、个体的、缺乏组织的游说难以使参与发挥力量。我国的立法动力主体或参与主体与西方发达国家不同，很多情况下利益集团并不是立法的最主要动力源。究其原因，是因为与西方国家相比，我国政府具有更大的权威和社会组织能力，从实用主义的视角看，这也是现阶段最具有效率的立法方式。

实用主义强调效率优先，而公众参与理论则基于公平原则。因此，实用主义的立法策略产生的是有限的公众参与。有限参与表现在：参与主体有限，参与方式有限，立法博弈的意愿不强。例如，在我国，知识产权立法的主导者是政府，司法机构和学术机构（以及学者）的经验和信息在立法活动中处于辅助性的地位，有影响力的大企业等利益集团并没有形成如同国外立法活动中的压力集团。

---

① 政治学中的立法游说也叫院外活动（lobbying），词源是根据早期英国的商人们就在议会的走廊（lobby）里抓紧时间劝说议员。立法游说主要是指社会组织和利益团体主要参与进而影响立法的行为。立法参与的途径包括：立法机关征集立法项目、委托专家起草法律草案、法律草案公布征求意见（如在全国人大网站上公布，或者同时在中央主要新闻媒体上公布）等方式。

② 参看蔡定剑：《公众参与：风险社会的制度建设》，法律出版社 2009 年版，第 54 ～ 75 页。

第四章
知识产权立法博弈

无论是 20 世纪以应对国际规则为重心，还是 21 世纪重心转移到国内市场，由于最终目标是促进国内经济发展，我国知识产权立法总体而言是以实用主义所讲求的效率为导向。效率优先，兼顾公平，意味着公平被置于效率之后。立法的公众参与，其本质是强调通过立法公平的程序设计促进结果的公平，它是将公平置于效率之前的制度设计。因此，实用主义的立法与立法的公众参与这二者之间可能存在冲突，前者对后者在某些时候可能有抑制或阻碍作用。

我国当前的知识产权立法是实用主义的，但立法的公众参与同样也是我国政府越来越重视的目标。从 20 世纪 90 年代之后，中国立法逐步走向公开，全国人大强调公布立法草案征求意见。2000 年 3 月，全国人大通过的《立法法》第 5 条规定：立法应当体现人民的意志，保障人民通过多种途径参与立法活动。第 58 条规定：应当广泛听取有关机关、组织和公民的意见，可以采取座谈会、论证会、听证会等多种形式。2000 年 6 月，《国务院关于贯彻实施立法法的通知》进一步指出要保障人民群众通过多种途径参与立法活动。另外，我国的法律也总体上逐步顺应经济全球化以及法律全球化的时代要求。入世之后，根据立法透明度原则，成员国影响贸易活动的政策措施须及时公开，使得其他成员国能够获取信息，进行公平游戏，成员国在立法程序中要遵循民主原则并充分征求各方尤其是相对人的意见。因此，在实用主义的立法策略与公众参与的立法原则之间存在冲突时宜进行调和，尽量消解两者之间的矛盾。

本章将介绍和分析博弈论在知识产权立法中的体现，以进一步解释公众参与知识产权立法的有限性。本书导论关于公民赋权阶梯和利益相关人矩阵部分论证了与博弈论在其他财产领域的体现（零和博弈）不同，知识产权立法中的博弈可以是正和博弈。本章将用博弈论模型所关注的关键要素（参与者、战略、信息和支付）分析知识产权立法的公众参与现实。

第一节 知识产权立法的“正和博弈”

冯诺依曼和摩根斯坦恩的《博弈论和经济行为》是博弈论的奠基之作，该理论形成于20世纪40年代，是一种得到广泛应用的经济学和管理学系统理论。博弈论既源于经济学，也是一种数学方法，着重强调行为手段对追求目的的适应性，是一种形式理论。[①]作为研究理性经济人追求自身利益的行为的理论，博弈论将博弈分为合作博弈和非合作博弈。合作博弈是参与人为追求共同支付的最优化策略而进行协商达到合作，即合作均衡。著名的纳什均衡是非合作博弈均衡理论，指的是参与人在无法共谋或合作时，会选择对自己最有利的策略，实现自身利益最大化。

从博弈的结果看，又分为零和博弈、负和博弈和正和博弈。零和博弈即意味着一方获利而另一方受损，获利值和损失值相抵。正和博弈即共赢，指两者或两者以上的博弈中，各方都能获益，在实现各方总利益最大化的同时，单个主体的利益也达到最优。负和博弈是指最终结果是一方的损失大于另一方的获利，总和为负数，最极端的是满盘皆输的局面。

在一般的财产权利领域，某人所有某种物（财产）就意味着他人不得享有该物（财产），这是典型的零和博弈。但知识产权领域的特殊性在于，某些知识产品在被交流共享之后，原权利人并没有直接失去其知识产品，其他人却能获得或同时拥有这项知识产品，这就是正和博弈的体现。知识产品的权利归属、占有使用交易方式的特殊性，使得有关知识产权的博弈和其他物品的产权博弈有本质区别，即知识产权领域内可能形成正和博弈，而其他财产权领域大多只能形成零和博弈。

但知识产权立法博弈，从历史经验来看，和其他领域的立法类似，更多倾

① 参看钱弘道：《法律的经济分析》，清华大学出版社2006年版，第88页。

向于零和博弈。博弈论的各种类型在知识产权制度中都可以找到相应的例证。[①]例如，规范的市场和维权意识能够让参与人都获利。规范的市场能够促进人们的知识产权意识。反之，如果维权的成本大于收益，人们就会放弃对知识产权的尊重。一般情况下，发明人和创造者的积极性被侵害，他们可能不再投入创新。再比如，在国际层面，发达国家和发展中国家、不发达国家之间的博弈在知识产权领域也表现明显。国际知识产权制度本身就是国家间博弈的结果。在国际规则的制定过程中，体现的是国家力量的角逐。发达国家控制着话语权，掌握着绝大部分核心知识产权，通过知识产权制度维护自身的经济贸易优势地位。美日欧等世界主要知识产权大国基本控制了国际知识产权领域的规则和标准的制定。发展中国家由于科学和技术知识上的弱势，只能较为被动地承担责任，很少主动引领和制定有利于自身利益的国际知识产权规则。以《知识产权协定》的谈判和签订过程为例，知识产权私人集团和知识经济强国在自身利益驱动下对全球知识产权规则的控制策略，背后体现着其政治经济力量的博弈。[②]又比如，世贸组织决策程序中的平等投票权的设计，其一致同意原则常常由美欧日加等发达国家掌控的非正式协商会议中事先商定，拥有较大市场份额的国家影响力较大，而市场份额较小的国家往往只能成为决策的被动接受者，谈判策略实际上也是参与方实力的体现。[③]

然而，无论是从知识产权的国内立法趋势，还是国际立法趋势来看，正和博弈的势态正逐渐形成。首先，从国内立法趋势来看，我国知识产权立法已经越来越重视拓宽公众参与的途径，已经在立法前阶段纳入征求立法意见、公布立法草案、开放公众的立法建议和意见并将信息反馈给立法主体等方式（见第二章分析及结论）。其次，我国知识产权立法也越来越重视主动回应国内需求，立法重心从国际转移到国内，重视解决实际问题，从国家战略角度通过制度设计促进科技发展（见第三章分析及结论），同时增强国际立法中博弈的话语权。第三，单纯从国际立法的角度看，立法博弈除了体现各国国家强弱的实力这一现实，所有参与国都在争取本国利益最大化的基础上尽可能与其他国家进行合

---

① 参看焦扬、史尚元：《知识产权制度中的博弈分析》，《经济理论研究》2008 年第 1 期。

② 参看吴汉东、郭寿康：《知识产权制度国际化问题研究》，北京大学出版社 2010 年版，第 46 页。

③ 参看戴维·赫尔德、安东尼·麦克格鲁：《治理全球化：权力、权威与全球治理》，曹荣湘等译，社会科学文献出版社 2004 年版，第 12 页。

作、共赢，避免负和博弈和零和博弈的局面。但这一过程并不是水到渠成，而是经过多轮博弈，各国斗争妥协的结果。例如，当发展中国家在世界知识产权组织中的地位逐步提升时，发达国家选择在其他的谈判平台进行知识产权条约的协商，通过区域、多边、双边或单边协议拟定符合自己利益的知识产权标准。以美国为首的发达国家主导的泛太平洋战略经济伙伴协定（TPP）谈判，反映出的是少数知识产权强国的谈判主导权和利益。[①] 以中国、俄罗斯、印度等为代表的新兴发展中国家也在为自己的利益和发达国家以及竞争对手进行博弈。知识产权国内立法和国际立法中的博弈，体现了不同参与主体之间实力的角逐与利益的平衡，也体现了从“零和博弈”向“正和博弈”转移的趋势。

第二节　从博弈论基本要素分析知识产权立法

现代博弈论认为构成博弈的基本要素是参与者（players）、策略（strategies）和支付（payoff）[或称损益、效用（utility）]。信息（information）和均衡(equilibrium)也是博弈中的重要元素。[②] 本书认为三要素(参与者、策略和支付)是博弈论的基本要素。在博弈过程中，参与人之间的信息传递决定了其行动空间和最优策略的选择［参与人行动的次序（sequence）的先后问题也对最后的均衡有直接影响］，这也是影响博弈的主要因素。因此，本书将从参与者、策略、信息和支付这四个要素分析知识产权立法，以揭示知识产权立法过程中不同参与人的博弈策略、信息优势和劣势、支付的结果，最终从博弈论的角度解释当

---

① 参看梁心新、徐慧：《知识产权制度异化的国家博弈分析》，《知识产权》2013 年第 9 期。

② 关于博弈的基本要素有参与人（players）、策略（strategies）和支付（payoff）的三要素说，以及包括参与人、策略、信息（information）、支付和均衡（equilibrium）的五要素说，还有更多要素包括行动（action），理性（rationality），目标（objective），行动顺序（order of Play），结果（outcome）等。另外需要说明的是，策略和行动（actions）是不同的，策略是行动的规则而不是行动本身。策略是关于行动的完整计划。支付是指在一个特定的策略组合下，参与人得到的效用水平或期望效用水平。信息是关于参与人有关博弈的知识，包括其他参与人的特征（策略空间、支付函数等）和行动的知识。如果参与人的策略选择、支付函数都是共同知识（common knowledge），则称为完全信息（complete information），否则是不完全信息（incomplete information）。

前知识产权立法结构（即最终达到的均衡）。

立法博弈中的参与者有立法机关、政府、利益集团等参与人；策略即在给定信息下立法博弈参与者的决策；信息即参与者在博弈中的知识，特别是有关其他参与者（对手）的特征和行动的知识；支付即立法博弈参与者得到的结果（效用）。①

在知识产权立法领域，参与者包括立法机构代表、政府代表、大企业及普通公众等主体；策略，表现为立法机关、政府中的核心立法者的决策方式以及其他参与主体直接或间接影响立法的各种方式，即不同主体参与立法的方式；信息，表现为参与人的知识，包括与知识产权、立法技术、立法目的和立法效果等相关的知识；支付，表现为最终的结果，包括代价（成本）和收益。本节将以国内《中华人民共和国著作权法》（以下简称《著作权法》）和国外《知识产权协定》为例，讨论知识产权立法的参与主体、策略、信息和支付，从博弈论角度分析知识产权国内、国际立法的动态特征和博弈后果。

一、以《著作权法》第三次修改为例看国内立法博弈

从博弈论的基本要素来看，在参与主体方面，知识产权国内立法的参与者较广泛，但以政府主导下的合作为主，较少博弈（竞争）；在策略（即参与者规则）方面，以政府主导为主，其他参与人被动辅助进行合作，其中最值得注意的是司法机构最有博弈的动机，并且存在（通过解释法律与未来的立法活动进行）博弈的事实；在信息方面，政府、司法机构和学术机构对相关知识产权法的目的、现实和域外经验各有优势；在支付方面，政府、司法机构和学术科研机构的效用各不相同，分别表现为政府支付部分立法的权威以及对司法和学术专家提供资源和后续支持，司法机构支付的是司法实践经验中的专业知识以及对立法机构立法的适应和妥协，学术机构支付的是学术研究的专业知识、对政府和司法机构的关注与信赖以及相关科研课题研究的成果。

① 参看贾引狮：《中国—东盟自由贸易区背景下的知识产权博弈》，《广西社会科学》2011 年第 2 期。

1. 参与者

以《著作权法》第三次修改为例，国家版权局成立了《著作权法》修订工作专家委员会，成员包括政府相关部门、权利人组织、产业界、实务界、社会团体以及科研院所等机构的人员。参与者来自行政机关、人民法院、社会团体、科研院所、产业界等不同单位。立法的主导者是以国家版权局为代表的政府机构，主要参与者则是相关领域的专家。

《著作权法》针对的是作者和其他利益相关人的利益，除了职务作品、委托作品之外，法人、企业的利益表现得不太明显，作者本人的利益应当是由作者个人，或者以作家协会、文字著作权协会这样的单位在立法活动中进行表达，因此应当分析著作权立法活动中的作者或者作家协会等类似的机构对立法活动是否有影响。可惜的是，从现有的资料以及公开的官网，很难看出作协、文字著作权协会等机构对立法活动中作者利益的表达。在作协官网中发布的《中国作家协会章程》第二章“任务”的第十五条中有关于反映会员的意见和要求，维护会员的民主权利和其他合法权益的表述。[①] 但第十五条首先强调的是“会员自律”，根据上下条文来看，该条主要是写的加入作协的作家在协会中的意见和要求，而并非作协承诺代表作家利益进行立法博弈活动。而中国文字著作权协会官网上的业务范围介绍中，除了与国外的著作权集体管理机构签订互相代表协议这一涉及立法的活动之外，也没有关于代表著作权人参与立法活动进行利益表达和博弈的业务。[②] 实际上，上述协会和类似组织的工作主要是围绕著作权集体管理，以管理和协调著作权人之间的利益为主要任务，和国外的类似工会组织不一样，并非立法活动的重要参与主体。因此，与国外的立法活动中的博弈不同，我国立法活动中的权利人、利益代表、私人集团和政府之间的互动博弈并不明显，虽然规划中兼顾着利益相关人的不同利益，但我国的立法活动更类似一种政府主导的宏观规划。国内立法活动更多体现的是行政机构、司法机构和学术机构之间的合作而非竞争。

---

① 参看中国作家网，http：//www.chinawriter.com.cn/n1/2016/0630/c403957-28512659.html，2016 年 8 月 18 日、2018 年 10 月 20 日访问。

② 参中国文字著作权协会官网，http：//www.prccopyright.org.cn/staticnews/2010-01-28/100128145635437/1.html，2016 年 8 月 18 日、2018 年 10 月 20 日访问。

2. 策略

由于参与者之间的关系更类似于合作而非竞争，因此博弈论中的策略模型，即参与者的行动规则，在国内知识产权立法中也更多的是强调服从、合作与协调，而非竞争或讨价还价。以《著作权法》修订过程为例，在多种参与主体中，政府的主导和较强势的角色是比较明显的，立法起草、修订活动是由国家版权局（即国务院著作权行政管理部门）启动和主导；司法机构由于代表着法律的经验和实务，地位比较重要：在全面修改《著作权法》之前，相关司法部门为解决《著作权法》在民事和刑事司法实践中的具体适用问题制定了六部司法解释或指导意见，而在国家版权局《关于中华人民共和国著作权法（修改草案）的简要说明》中，在修改《著作权法》是回应社会各界关切的客观需要部分，提到的第一个呼吁的主体就是司法部门（之后依次是行政、教学科研部门、著作权人和产业界），在修订国家版权局“邀请社会各界”部分，人民法院也是仅次于行政机关的主体（之后依次是社会团体、科研院所、产业界、专家学者和个人）；学术机构则属于被委托的专家集团身份（三家教学科研单位分别起草《著作权法》修订专家建议稿）。学术机构并非不重要，通过它的科研数据分析，综合司法机构的经验和要求，它完成行政机构的宏观目标。学术机构提供的立法意见稿成为新法的底稿，但值得注意的是学术机构在整个立法活动中并没有切身的利益需要表达，甚至不如司法机构对于法律条文和实效之间的关联更具有敏感性，也欠缺政府拥有的那种最终的决策能力。

因此，在立法活动中，学术机构的策略往往是以完成政府宏观目标为首要目标，兼顾司法机构的意见，再次才是自身专业性知识的意见表达。政府制定的策略则是以自身目的为主，兼顾尊重司法机构等实务部门的意见，从宏观上指导学术机构的立法目标。司法机构的策略是通过表达司法经验，向政府反馈法律运行的规律，期待学术机构的法律草案或修正案等文本尽量与司法现实贴近。可以看到，以上三大主体中，司法机构的策略最具有博弈色彩，它直接承担立法的后果，因此有独立表达自身的要求和能力，也能够以实践中的法律专业知识影响其他参与主体。学术机构缺乏自身要求的表达，与司法机构相比缺乏迫切影响其他参与主体的主观愿望和独立性。政府则处于超然的地位，它往往是立法活动的发起者和最终决策的主体，较少有其他主体与它进行竞争和博弈。因此，在策略层面而言，未来更应当关注司法机构的诉求和影响，例如我国知识产权法院的建立，为未来的经验研究提供了良好契机。

3. 信息

在立法活动中，参与者对自身和其他参与者的知识，是参与者行动以及制定行动策略的依据。政府对于宏观目标和各方利益，司法机构对于本土经验，学术机构对于域外知识各具优势。因此，在立法的合作过程中，三类主体根据自身的信息优势进行协调。

在立法活动中，政府最先分享宏观目标方面的信息，以便司法机构和学术机构根据目标进行信息删选和整合，例如在前两次《著作权法》修改的过程中，政府分享的宏观目标是：第一次修改是满足加入世界贸易组织的直接需要，第二次修改是为了履行世界贸易组织关于中美知识产权争端案裁决的现实需要，而第三次修改是为适应我国经济社会的发展和科学技术进步的现实需要对《著作权法》作出的主动、全面的调整。司法机构提供司法经验给立法机关和学术机构参考，也根据本土经验对学术机构提供的域外知识进行比较和甄别。学术机构则参考本土实践，依据宏观指导，有目的地选择可以适用的域外经验，提供给政府、司法机构。在国家版权局《关于中华人民共和国著作权法（修改草案）的简要说明》中指出《著作权法》修改遵循三个原则，即遵循独立性、平衡性和国际性原则，可以将独立性理解为我国知识产权立法的本土经验，这一任务主要依托的是人民法院的经验，平衡性是通过立法机关综合判断和协调各方利益，国际性则是依托学术科研机构对域外经验的比较研究成果来实现。经过以上三类不同信息（本土经验、各方利益、域外经验）的充分交流，三类主体完成合作。

4. 支付

最终的结果，参与人得到和失去的资源即为支付。在立法活动中，政府必须依靠实务部门和专家意见完成专业立法活动，因此政府在立法博弈中的支付是部分立法的权威以及对司法和学术专家提供资源和后续支持。司法机构支付的是司法实践经验中的专业知识以及对立法机构立法的适应和妥协，以获得更灵活和更适应未来发展的法。学术机构支付的是学术研究的专业知识、对政府和司法机构的关注与信赖以及相关科研课题研究的成果。

具体而言，国家版权局在主动、全面调整《著作权法》以适应提高自主创新能力，建设创新型国家的战略目标的要求时，将部分权威授权给部分单位和个人。主动邀请社会各界等近两百家单位和个人就《著作权法》修订工作提出意见，并不是随意指定任意主体，更不是被动同意其他主体的请求，邀请（提出修法意见的主体）这一行为应当视为一种主动分享部分权威的事实。同时，为保证修法工作的质量，国家版权局专门委托了著作权领域影响力较大的三家教学科研单位分别起草《著作权法》修订专家建议稿，这种选择起草者的事实也应当视为和被选择的对象分享了部分权威。《著作权法》修改的立法博弈中政府的支付部分即为部分立法的权威以及其他参与主体的资源和支持。

人民法院在进行立法博弈时，支付的是司法实践经验中的专业知识以及对立法机构立法的适应和妥协。人民法院对《著作权法》在我国司法活动中的实际操作最有发言权，基于以往的经验，法院系统能够明确表达法律条文中矛盾、欠缺、冗余、僵化、过时等不符合司法实践规律的、急需修改的部分。例如，第三次《著作权法》修改的主要内容之一就是将实践证明行之有效的司法解释的相关规定上升到《著作权法》中——如著作权和相关权登记、委托作品的使用等。但在立法博弈的过程中，除了分享作为法律适用主体的经验或者说专业知识之外，法院也不得不对国家的宏观战略、（也许暂时不需要的）域外经验妥协，以适应立法需要的适度前瞻，要对国际国内经济、社会、科技发展趋势有一个正确的判断，使修法工作面向现代化、面向世界、面向未来，使国际知识产权制度进一步完善。比如说，第三次《著作权法》修改的另一方面的主要内容是根据国际公约的基本要求，在现行《著作权法》中增加必要的内容，使其与相关国际条约一致——如作者的出租权、表演者出租权、技术保护措施和权利管理信息等。

学术科研机构在立法博弈中支付的是学术研究的专业知识、对政府和司法机构的关注与信赖以及相关科研课题研究的成果。例如，在《著作权法》修订的过程中被委托起草法律草案的三家科研机构不仅分享了部分立法权威，在对《著作权法》相关内容的科研成果上也因为直接参与立法实践活动而比其他学术机构更具权威性，被采纳的法案草稿本身也是对科研成果的权威性证明。相对于司法机关而言，学术科研机构的优势在于理论知识，包括本土研究和域外经验比较研究，在贡献其理论知识的过程中，学术科研机构在和司法机关的本土经验立法博弈的过程中获得了司法实践上的知识，也成为其一手的科研资源。立法活动结束后，学术科研机构也往往能继续获得政府相关课题的资金支持。

因此，从立法博弈的支付角度而言，政府面临的主要问题是如何选择其他恰当的立法参与主体分享权威，司法机关面临的主要问题是如何在实践层面的法与其他利益方的利益、未来和国际层面的（政策法律）要求等方面进行协调，学术科研机构面临的主要问题是如何凸显其立法参与者身份所应有的独立的利益表达。

二、以《知识产权协定》的形成为例看国际立法博弈

从博弈论的基本要素来看，在参与主体方面，知识产权国际立法的参与者是国家以及相关利益集团。在策略方面，各国政府之间的博弈、知识产权强国与弱国的博弈、利益集团之间的博弈表现不同，既有实力悬殊时的零和博弈，也有各自妥协达成的正和博弈。知识产权强国通过将贸易与知识产权挂钩以及体制转换等策略，抢占知识产权国际立法的优势地位，试图形成零和博弈的势态。其他国家则通过利用体制转换策略，形成更利于自身的国际立法谈判平台，逆转零和博弈的局面，最终迫使各利益方相互妥协，出现正和博弈的局面。在信息方面，知识产权强国通过大数据等先进科技工具和手段掌握信息优势，信息操控也成为其重要的博弈手段。在支付方面，国际知识产权立法的支付表现为各参与主体参与立法游说的成本、通过知识产权国际立法博弈获得贸易上的利益以及政治谈判的筹码。

1. 参与者

知识产权国际立法的参与者主要是国家和对知识产权国际立法有影响的私人集团。知识产权国际立法最主要的表现形式是国际公约，立法主体是国家，但从某种程度上说，我们现在处于一个企业控制（corporation－control）的时代，区别于19世纪到20世纪民族国家控制（nation－control）的时代。国家和私人集团（主要包括企业、非政府组织等）共同推动了知识产权国际保护制度的发展。[①] 由于缺乏国内立法那样的权威主体，知识产权国际立法往往表现为“不规则”，私人集团更多地参与到立法博弈过程中，通过游说、影响和操控相关立法机关，制定有利于自身利益的国际法律规则。私人集团影响国际立法发端于20世纪70年代，到了20世纪末期私人集团开始积极参与知识产权国际立法活动中，将知识产权保护与国际贸易挂钩。“私人集团”成为推动国际立

① 参看吴汉东、郭寿康：《知识产权制度国际化问题研究》，北京大学出版社2010年版，第20页。

法进程的重要主体。[①]

以知识产权国际立法中最为重要的事件——《知识产权协定》的谈判和签署为例[②]，简单来说，对《知识产权协定》的形成有重要影响的参与者包括美国知识产权委员会（Intellectual Property Committee，IPC）、美国国际知识产权联盟（International Intellectual Property Alliance，IIPA）、英国产业同盟（Confedration of British Industrialists, CBI）、德国工业联邦协会（Bundesverband der Deutschen Industrie, BDI）、法国雇主协会（Patronat）、日本经济组织联盟（Keidanren）等产业联盟。其中，最重要的无疑是美国知识产权委员会（IPC）。[③] 在国内一致意见形成之后，IPC 进行跨国动员活动，与欧日的产业联盟联系并共同发布了关于知识产权条款基本框架的文件，覆盖了保护的最低标准、执行和争端解决规定等内容，成为最终的《知识产权协定》的基础。[④] 而 IPC 本身由包括百时美施贵宝、通用电气公司、惠普、IBM、强生、默克制药、孟山都、辉瑞制药公司、时代华纳等公司在内的核心公司的代表组成。[⑤] 而成立于 1984 年的 IIPA 则是由代表美国知识产权保护产品制造的七大类公司的产业联盟组成，包括电脑软件、电影、电视节目、音乐、书籍以及杂志（电子和纸质媒体）。它和 IPC 一样，和美国政府紧密合作，参与 TRIPS 谈判。[⑥]

因此，从参与主体来看，各国的企业联盟是《知识产权协定》最重要的塑

---

① 参看吴汉东、郭寿康：《知识产权制度国际化问题研究》，北京大学出版社 2010 年版，第 21 ～ 22 页。

② 之所以说是“最重要的事件”是因为《知识产权协定》是《巴黎公约》建立知识产权国际协调机制以来覆盖面最广且最具约束力的综合性知识产权条约，并且，该协定为当今国际知识产权体系带来了巨大的范式变革。参看吴汉东：《知识产权总论》，中国人民大学出版社 2013 年版，第 351 ～ 352 页。协定于 1986—1994 年乌拉圭谈判中商定，首次将知识产权规则引入多方贸易体系中。见世界贸易组织官网关于 TRIPS 的介绍，https：//www.wto.org/english/thewto_e/whatis_e/tif_e/agrm7_e.htm，最后访问于 2019 年 2 月 12 日。

③ 直接联系人包括美国贸易代表克莱顿 · 优特（Clayton Yeutter），企业代表艾德蒙 · 普莱特（Edmund Pratt）。Susan K. Sell，Post-TRIPS Developments：The Tension between Commercial and Social Agendas in the Context of Intellectual Property，14 Fla. J. Int’l L. p.193. 转引自王太平、熊琦：《TRIPS 协议的立法动力学分析》，《知识产权》2008 年第 1 期。

④ Susan K，Sell，Private Power，Public Law：The Globalization of Intellectual Property Rights，Cambridge University Press，2003，p.104 ～ 108.

⑤ 最初的核心公司包括：Bristol-Myers，DuPont，FMC Corporation，General Electric，General Motors，Hewlett-Packard，IBM，Johnson & Johnson，Merck，Monsanto，Pfizer，Rockwell International and Warner Communications. 成员在 1986—1996 年间有所变化，到 1994 年时 CBS，DuPont and General Motors 等公司退出 IPC，其他包括 Digital Equipment Corporation，Procter & Gamble，and Time Warner 加入 IPC。Susan K，Sell，Private Power，Public Law：The Globalization of Intellectual Property Rights，Cambridge University Press，2003，p.96，以及 https：//en.wikipedia.org/wiki/Intellectual_Property_Committee，最后访问于 2019 年 2 月 12 日。

⑥ 关于 IIPA 的具体介绍，参看前文第二章第三节关于“美国相关知识产权利益集团及其活动”部分的内容。

造者，而各国的企业联盟又是以核心公司为最重要的代言人。在《知识产权协定》的形成过程中，美国的企业联盟率先引导、联系各国企业联盟并与之合作、协商，进行博弈。不可忽视的是，代表自身利益的美国核心公司同时也代表着美国利益（20 世纪 80 年代开始将贸易与知识产权挂钩既反映了美国的国家政策，也顺应美国核心公司的利益）。在《知识产权协定》的形成过程中，美国核心公司的主动和优势地位更加明显。

2. 策略

私人集团通过国内产业联盟与政府部门互动、国际上跨国动员与单边制裁结合完成其实用主义立法策略。在《知识产权协定》的形成过程中，美国企业所构建的产业联盟在国内发挥巨大的影响力。首先，从 20 世纪 80 年代开始，知识产权私人集团雇佣了专业的游说集团，极力促使美国国会和政府支持贸易与知识产权保护挂钩，说服政府动用法律手段去迫使他国采取切实措施打击侵犯美国知识产权的行为。① 私人集团的游说效果通过一系列法案和政策显现，如当时修订的 301 条款允许私人集团公开参与推动贸易协定的实施，美国贸易代表也被认为是迎合产业联盟的产物。又比如，产业联盟敦促制定《1988 年综合贸易与竞争法》（The Omnibus Trade and Competitiveness Act of 1988），将原属于总统的一些权利转移到了贸易代表手中，标志着产业联盟实质性地影响立法。除此之外，私人集团还通过充当政府智囊垄断信息的方式操控知识产权政策的制定。私人集团还通过派驻代表进入美国贸易政策协商咨询委员会（Advisory Committee on Trade Policy Negotiations，ACTN），影响美国政府的国际知识产权战略的制定。②

从 1986 年关贸总协定（General Agreement on Tariffs and Trade，GATT）乌拉圭回合谈判启动，到 1994 年世界贸易组织协定（WTO Agreenent）签署，《知识产权协定》经过了长达八年的谈判期，并由于引进一系列新的原则和标准，成为保护水平最高、影响范围最广、执行效力最强的知识产权国际公约。③ 它的签订，是美国知识产权产业积极追求知识产权强保护的体现。在知识产权私人集团的游说之下，美国政府将知识产权与贸易挂钩，强调知识产权保护和美国

---

① 参看吴汉东、郭寿康：《知识产权制度国际化问题研究》，北京大学出版社 2010 年版，第 24 页。
② 参看吴汉东、郭寿康：《知识产权制度国际化问题研究》，北京大学出版社 2010 年版，第 24 页。
③ 参看吴汉东、郭寿康：《知识产权制度国际化问题研究》，北京大学出版社 2010 年版，第 38 页。

企业全球竞争力之间的关键联系。在国内通过 IPC 协调一致，在国外进行跨国动员，共同协商有关 GATT 知识产权条款的基本框架，形成《知识产权协定》，并采取各类方式使发展中国家接受《知识产权协定》的具体条款，签署了强知识产权保护的协定。从《知识产权协定》的谈判和签署过程可见，美国大企业所组成的利益集团在国际知识产权立法活动中发挥重要作用，引导并实际上塑造着知识产权的国际立法。

一方面，这些私人集团是利益集团中的强势集团、压力集团，它们通过组成产业联盟的方式，积极影响国内知识产权政策的制定，并与国外产业联盟主动沟通协商国际知识产权立法的基本框架，它们的协议成为本国政府与他国谈判时的重要蓝本。这些压力集团是知识产权国际立法的重要影响主体。另一方面，国家作为知识产权国际立法的主体，充分考虑和支持国内产业联盟的利益，并倚赖后者所提供的专业知识和市场信息，制定国内宏观政策，并依此进行国际贸易协商，参与国际知识产权立法博弈。

在知识产权强国和其他国家之间的立法博弈策略，除了将知识产权问题与国家之间的贸易谈判挂钩之外，还有体制转换（regime shifting）或场所转移（forum shifting）的策略。通过对国际法秩序的体制转换，发达国家实现对知识产权国际化进程的影响。例如，美国等发达国家将知识产权国际立法从世界知识产权组织（WIPO）立法转向关贸总协定（GATT），创立了全球统一的知识产权国际保护体系。[①] 还比如区别于多边体制的世界贸易组织（WTO）和世界知识产权组织（WIPO），（双边）自由贸易协定（FIA）体制规范（并常常推高了）知识产权国际保护标准，在发达国家认为多边贸易谈判中难以突破其他国家抱团抗衡的困境时就会选择 FIA 体制，绕过 WTO 体制。因此，在 WTO 体制下，其他国家在面对知识产权强国的立法优势地位时，应当在体制内寻求合作伙伴，通过抱团的方式增加谈判的话语权，而在 FIA 体制下则应当坚持《与贸易有关的知识产权协定》（TRIPS）最低保护标准。总之，知识产权国际立法中的弱国应当熟悉和适应多层次（multi-level）、多领域（multi-forum）的游戏规则，才能避免被动立法的局面。

---

① Susan K. Sell.Industry Strategies for Intellectual Property and Trade : the Quest for TRIPS, and Post-TRIPS Strategies.ardozo J. Int’ l & Comp. L. 97. 转引自参吴汉东、郭寿康：《知识产权制度国际化问题研究》，北京大学出版社 2010 年版，第 30 页。

3. 信息

在知识产权国际立法的过程中，私人集团与以政府为代表的国家之间的博弈集中表现在信息操控之上。知识方面的立法与其他公共利益立法一样，存在着集体行为（collective action）的问题，但由于知识产权方面的专业性，立法难免被相关利益集团的专业知识或垄断的信息影响和左右。知识产权是高度专业的领域，对公众而言，要克服集体行为所面临的挑战是怎样识别知识产权问题的突出特点，以及如何有效获取信息、参与立法。由于知识产权的专业性，立法和缔约代表更倾向于向相关利益集团寻求专家意见。以美国为例，美国贸易代表部的机制设计从一开始就容忍了信息操控现象的存在。通过操控贸易代表，相关利益集团得以在自由贸易谈判的知识产权章歪曲和改变美国国内的知识产权法，在国际贸易协议中设立高于美国国内法的知识产权规则（rules）或标准（standards），要求其他国家遵守和实施。[①]

在信息博弈中，私人集团占据优势。在专业知识方面，政府也倚赖私人集团所掌握的信息。但政府对于宏观经济贸易政策始终拥有最终决策权，私人集团通过立法游说和信息操控影响政府决策，政府在宏观政策的信息方面则始终占据主动地位。而国家与国家之间的信息博弈，则最终因各国私人集团的影响力不同而形成不同的势差。拥有先进科学技术知识和强大立法游说能力的私人集团和本国政府合作，对抗他国的私人集团和政府之间的合作，达到自己利益的最大化。

例如，美国核心公司所组成的知识产权委员会（IPC）负责向国会提供（各行业）状态报告（position statements）、立法草案，为最高法院的法庭之友（法官顾问）提供档案文件，为国会以及国家的专利商标部、知识产权部、贸易代表办公室等部门提供专家证词。[②] 其中各行业的状态报告内容分为航空航天交通运输、信息和通信工程、教育培训、能源环境、工程、安全隐私、知识产权、科研创新等类。美国政府方面的宏观政策信息则通过国内立法，例如对《1984年贸易和关税法》的修改，以及美国国会于 1988 年正式通过的法案《贸易与竞争综合法》展现出来：通过立法行为将知识产权与贸易紧密联系，允许产业界、贸易协会和公司请求美国贸易代表调查外国政府的行为，提出严惩侵犯知识产

---

① 参看何鹏：《国贸易协议机制“快车道”立法研究》，《云南社会科学》2016 年第 2 期。

② 关于 IPC 职责的说明，见 https：//ieeeusa.org/volunteers/committees/ipc/，2019 年 2 月 17 日访问。

权行为的有效措施是惩罚性的贸易报复。另外，从 1989 年起，美国贸易代表办公室（USTR）单方面发布针对外国知识产权保护情况的年度报告——特别 301 报告，发布包括世界范围内知识产权保护制度取得的进展、WTO 争端解决中与知识产权相关的部分、对各国政府采购和市场准入的审查，以及根据对其他国家知识产权保护状况的评估提出的国别评估名单等信息。

4. 支付

私人集团之间、私人集团和国家之间的博弈，最终的支付表现在私人集团立法游说所付出的成本。除了私人集团、国家间的博弈，知识产权国际立法博弈还表现在发达国家和发展中国家之间的博弈。在后一种博弈中，由于发展中国家处于信息的弱势地位，在采取博弈策略上也显得相对被动和局限，而发达国家由于处于信息优势地位，在采取博弈策略上相对主动和灵活，因而才出现了体制转换等方式牵引发展中国家对发达国家的知识产权战略妥协。在发达国家和发展中国家的博弈中，发展中国家支付相对更多的资源和代价。

第三节　从博弈论到社会分层下的知识产权立法

从博弈论角度看知识产权立法，探讨的是有限信息之下参与者的策略即立法活动参与人与其他竞争对手之间的博弈策略，国内、国际立法过程中利益各方的博弈策略。知识产权的立法活动与其他立法活动一样是各方利益之间的博弈过程，是权衡各种利益的过程，参与人在相关信息下制定不同的策略进行博弈，达到平衡（立法活动的最终妥协）。博弈论所属的经济学理论的假设前提是理性经济人，运用于立法理论则表现为假设每一个立法单元（立法者、国家、利益人、利益集团等）在博弈过程中的身份具有相同的“值”，并且根据自利原则进行（完全）理性的选择。

社会分层理论的假设前提则不同于博弈论，它认为立法活动的每一个参与单元的身份“值”是不同的，并且承认非理性的选择。社会分层理论补充动力理论（即强调立法活动的启动因素）的不足，不同于目的理论（即强调立法是对未来生活的指引)，也不局限于利益平衡说关于各利益方之间的博弈，而是关注到社会阶层的垂直结构，揭示了包括立法和司法资源在内的社会资源的不均等分配的现实。[①]

本书所述的诸多有内在紧密承继和联系关系的理论（功利主义、目的法学、利益法学、实用主义、博弈论、社会分层理论等）中，目前而言学者较多关注于利益平衡理论，最缺乏理论研究的是社会分层理论以及实用主义立法在知识产权法领域的体现。笔者于 2016 年 7 月查询维普资讯，通过关键词“社会分层”进行搜索获得 120 条结果，没有 1 篇论文涉及知识产权领域，也鲜少有论文涉及立法领域，大多数文章是关于教育、养老、城乡收入差距等传统社会学领域研究。同时通过关键词、主题或篇名在知网搜索“知识产权立法”加“社会分层”，均显示得到 0 条结果。通过“社会分层”加“立法”的关键词搜索，在知网获得 0 条结果；改为篇名搜索，获得 1 条结果，关于法律援助地方立法改革；改为主题搜索，获得 6000 余条结果，但并非立法学领域的研究，有很多关于教育、养老、保险、消费等领域的研究，与立法学无关。如果搜索主题“人大代表结构”，在知网可以获得 300 条结果，除去重复性研究，报纸、期刊短文以及非紧密性研究（例如搜索结果中有论人大代表预算审议改革、越南国会代表培训之类的文章)，可以初步获得有关全国人大代表的基本结构分析的相关数据。根据笔者的前期研究数据统计显示，第 11 届全国人大代表中官员代表占多数（例如安徽省的官员代表占代表总人数 62%，河南为 65%，江苏为 48%，山东为 82%，湖北为 71%，湖南为 43%，北京为 50%)，商人企业家其次（依上顺序分别为 31%, 22%, 30%, 15%, 18%, 38%, 13%)，学者较少（6%, 7%, 12%, 2%, 3%, 4%，24%)，工人更少（除了江苏有 5%，湖北有 4%，北京有 3%，其他地区都不到 1%，山东甚至为 0 人)，农民代表最少（大部分地区为 0 人，河南和湖北各 2 人，只占 1%)。[②] 第 12 届全国人大代表构成中，党政领导干部和企业家身份代表依然占据较高比例，一线工人、农民、知识分子等基层代表人数较少，其中工人和农民一共仅占总代表数约 14%。[③] 从现有的数据统计初步显示全国人大代表结构以精英上层为主，侧面反映出立法活动由精英主导，其他社会阶

① 本节即对本书第三章有关知识产权立法目的论、利益平衡理论以及本章关于知识产权立法博弈论等理论的补充。

② Peng He，Chinese Lawmaking：From Noncommunicative to Communicative，Springer，2014，p.2.

③ 参看徐理响、黄鹂：《人大代表结构与代表身份选择合理性问题探析》，《中南大学学报（社会科学版）》2016 年第 11 期。

层参与和影响有限。

在知识产权领域研究社会分层理论以及实用主义立法却有非常重要的研究价值。从社会分层理论来看，知识产权立法是上层立法而下层无涉的局面，这与本书所讨论的参与理论有一定的隔阂：参与理论认为只有社会下层也参与立法活动，才对社会整体有利。对于知识产权领域而言，现有研究还未能澄清的问题是：从社会分层理论视野下分析国内知识产权立法问题，与从其他立法分析视角是否存在明显差异？

从社会分层理论来看，传统的利益集团研究将被淡化，社会结构的研究成为关注焦点。以往的立法主体研究将区分利益集团、利害关系人等范畴，以权利配置活动和权利身份属性为研究依据。社会分层理论则将凸显一个立法事实：社会底层与知识产权立法并无直接联系。在社会分层的垂直结构中，政策制定者处于高位，普通公民处于低位。正式的立法活动从这个角度看是自上而下的规则发布过程。这与理想中的参与式立法，即上下互动式的立法模式，是不同的模型。[①] 与交互式、协商式立法模型相比，社会分层视角下的立法是现实的立法，交互式（协商式）立法强调上、下层级之间的互动式和可逆式的影响，社会分层式的立法（现实的立法）活动则是单向度、不可逆的立法模式。

一、在知识产权立法领域运用社会分层理论

利益集团与社会分层是经济学和政治学中的两个重要概念。利益集团研究更多地注重利益对一类人结合成某种共同体的研究，其前提假设是经济学的理性经济人假设，即有共同利益的个人组成集团谋求集团的共同利益，实际上是“个人行动的目的是追求他自身利益最大化”这一命题的推广。社会分层研究则根据一定的标准（例如收入、出生、教育背景、职业、性别等）把社会成员划分为高低有序的等级层次。社会分层更突出了一种垂直结构，比如严格划分公民与政策制定者之间的界限，突出显示公民与政策制定者之间存在许多中间环节。19 世纪中后期，比较系统的社会分层理论逐步形成，卡尔 · 马克思、马克

① Peng He，Chinese Lawmaking：From Noncommunicative to Communicative，Springer，2014，p.165.

斯·韦伯和埃米尔·涂尔干的社会分层理论被合并称为经典社会分层理论。涂尔干、戴维斯和摩尔、帕森斯等人的社会分层论被称为功能分层理论范式，而马克思、韦伯以及达伦道夫的理论被称为冲突分层理论范式。[①] 现代社会稀缺资源分配所带来的权力和权威的冲突问题成为当代冲突论社会分层理论关注的问题。社会分层是一种客观存在，秩序和法律存在和协调着社会分层，并且努力将社会分层制约在一个合理的范围内。社会分层理论作为一种结构性描述的理论，取代了自 19 世纪以来的动力理论。[②] 而在社会功能分层理论中，上层(或者中心)可以在社会中代表社会。社会分层的实质，是不同的社会群体或社会地位不平等的人占有那些在社会中有价值的事物，是社会资源在社会中的不均等分配。[③] 韦伯将共同体内部的权力分配按照阶级（经济）、等级（身份）和党派进行区分。阶级植根于经济制度中，而等级植根于社会制度中。社会分层理论既有对社会地位的关注（例如新马克思主义和新结构主义），也有对人际关系的关注（例如网络结构观）。

我国的社会分层理论经历了从阶级分层，到政治分层，到客观的阶级结构的认识，到贫富差距的讨论，到目前多元化模型的几个演进过程。[④] 从利益群体视角来分析社会群体分层结构会发现，利益结构变迁明显，各个社会利益群体正在分化与重组。但总体而言，我国社会分层呈倒丁字形结构，社会底层比例非常大，中层比例增长缓慢。[⑤] 而大型的社会底层和沮丧的中层阶级可能成为社会不稳定的主要力量。[⑥] 到目前为止，还很少有学者专门从社会分层理论研究知识产权立法相关问题。

在知识产权立法领域运用社会分层理论意味着从经济、身份或党派等分类

---

① “范式”这一概念由库恩在 1962 年出版的《科学革命的结构》一书首次提出，后来被广泛应用于社会学理论中。功能论的社会分层理论认为，阶层是满足社会需要的必然存在，阶层反映了社会的共享价值观，提高了社会与个人的功能；冲突的分层论则认为，阶层虽然是普遍存在，但并非不可避免，竞争、冲突和征服产生社会阶层，并因此阻碍社会和个人的功能，并且经济结构是社会结构中的主要功能，权力被社会中的一小部分人控制。参看侯钧生、韩克庆：《西方社会分层研究中的两种理论范式》，《江海学刊》2005 年第 4 期。

② 参看 N. 鲁曼：《社会分层理论》，王容芬译，国外社会科学 1986 年版，第 58 ～ 61 页。

③ 参看李路路：《论社会分层研究》，《社会学研究》1999 年第 1 期。

④ 参看李强、邓建伟：《我国社会分层理论的演进》，《学海》2002 年第 4 期。

⑤ 参看李强、王昊：《中国社会分层结构的四个世界》，《社会科学战线》2014 年第 9 期。

⑥ Carol Graham & Soumya Chattopadhyay. The Decade of Public Protest and Frustration with Lack of Social Mobility, The Brookings, 2014-3-7, http : www.brookings.edu/blogs/social-mobility-memos/posts/2014/03/07-frustated-achievers-mobility-attitudes-public-protest-graham.

来查看立法参与者的人员组成结构。前文所述的国内知识产权立法的相关利益集团例如专业性知识产权协会、行业协会、商会、研究和咨询组织等（本书第三章相关内容），以及进行立法博弈的主要参与主体，例如政府、人民法院、学术科研团体（本章第二节相关内容），在社会分层理论下都属于社会中上层阶级。从社会分层理论看，下层阶级没有参与到知识产权立法活动中。

二、多元社会分层中的知识产权立法

根据意大利莫斯卡的社会分层理论，社会由统治阶层和被统治阶层构成，前一个阶级虽然是社会中的（极）少数，但能够因垄断权力而享受（特权）权利带来的利益，后一个阶级虽然人数众多却被前一个阶级领导和控制。帕累托也将民众分为下层阶级和上层阶级，并对上层阶层即精英阶层细分为执政的和不执政的精英阶层。[①]

传统中国社会是典型的精英统治型社会。传统中国社会的统治阶层是官僚集团以及与其有密切联系的士绅集团，这一结构稳定存在了一千多年。士绅和官僚应当解释为同一权力集团，同属一个特权阶级。[②]传统中国社会的社会分层十分稳固，在社会垂直流动上又因为科举制而保持了社会下层向上层流动的可能性而显出活跃的生命力。随着科举制度在清末被废除，历经民国初年混乱的社会分层局面之后，新中国建立了平民统治制度，以制度方式拆除官僚集团和平民社会之间的壁垒。随着市民社会逐渐壮大并呈现多元化生态时，社会上层也显示出多元化倾向，社会下层或者说被统治阶层也日益多元化，不仅每个阶层内部开始分化，阶层之间垂直流动也呈现多元化路径。中国精英阶层从传统的单一官僚集团逐渐走向政治精英、商业精英和文化精英共存的局面。[③]

如果进一步分析精英主义和多元主义，将发现多元主义即包含社会各个阶层，与精英主义是不同的结构。而现代国家代议制的设计则是为了实现平民政治和多元主义，打破精英统治模式。西方代议制的产生可以视为从精英主义模

① 参看帕累托：《普通社会学纲要》，生活·读书·新知三联书店 2001 年版，第 303 页。
② 参看瞿同祖：《清代地方政府》，法律出版社 2012 年版，第 311 页。
③ 参看程愿：《变化社会中的多元分层——一个精英主义的视角》，《现代商业》2015 年第 33 期。

式演进到多元模式的代表制。但实际上，代议制民主并没有破除精英统治的神话，有学者认为英国发明议会民主的实质就是以代议民主取代参与民主，用少数代替多数，是为了驯服民主。[①] 认为精英主义也可以体现民主性的学者提出，公民有权控制统治者，精英的统治来自于人民明确的同意，即被称为控权型民主。[②] 与精英主义理论相对应的多元主义理论假定各个阶层中的每个人在参与政治的权利上平等，承认社会差异，但不应该肯定政治上的不平等。[③]

我国的立法模式符合平民政治、多元主义模式的特征。但从实际层面分析，中国社会阶层结构复杂，变化剧烈。[④] 在 20 世纪 90 年代改革开放前，我国的社会阶层主要是城乡两大社会群体和城市内部干部、知识分子和工人群体间的划分。[⑤] 人大代表结构的身份划分在 2006 年人大选举工作手册中显示为：工人、农民、干部、知识分子、军人。但在党的十六大报告中，新的社会阶层被界定为：在社会变革中出现的民营科技企业的创业人员和技术人员、受聘于外资企业的管理技术人员、个体户、私营企业主、中介组织的从业人员、自由职业人员等社会阶层。从新的社会阶层的界定可见我国社会阶层结构已经呈现多元化结构，出现了以创业、技术、管理等更加具体的工作类型划分的标准，不再局限于知识分子、干部等身份定义。

这种多元化社会阶层结构是否影响了立法，尤其是知识产权立法呢？答案是否定的。从全国人大代表结构分析可见，在第九、十、十一届全国人大中，国家机关的代表占据近一半的人数，企业主、高层经理人员代表较多。[⑥] 我国人大代表结构比例并不反映社会阶层的实际结构比例，人大代表仍然是社会上层为主，占社会多数的普通平民和社会下层并不占人大代表数量上的多数。如果将社会上层定义为统治阶层、精英阶层，那么精英占主导的决策模式是我国立法的主要模式，也可能会长期存在。无论是传统还是现代，中国的决策模式是

---

① 参看 王绍光：《民主四讲》，生活 · 读书 · 新知三联书店 2008 年版，第 40 ～ 41 页。

② 参看［英］安德鲁 · 海伍德：《政治学》，张立鹏译，中国人民大学出版社 2001 年版，第 90 ～ 91 页。

③ 参看孙莹：《论我国人大代表结构比例的调整优化——以精英主义和多元主义代表模式为分析框架》，《社会科学版》2013 年第 4 期。

④ 关于阶层的划分和研究，当代研究多从工人、农民等职业划分来进行区分，浮于表面。近代研究则根据收入分配将社会各阶层区分为几个等级，并对城市和农村序列进行区分，在城市序列中将上层工商业者和官僚阶层划分为第一等级。参看杜恂诚：《试论近代中国阶层排序》，《学术月刊》2004 年第 1 期。

⑤ 参看孙立平：《现代化与社会转型》，北京大学出版社 2005 年版，第 160 页。

⑥ 参看史卫民、郭巍青、刘智：《中国选举进展报告》，中国社会科学出版社 2009 年版，第 355 页。《第八次全国私营企业抽样调查数据分析综合报告》，http：//finance.sina.com.cn/roll/20090325/22532751378.shtml。

一种典型的精英决策，社会力量对公共政策的影响力较弱，决策过程仍主要受精英的主导和影响。[①]

而针对知识产权立法领域，结合本书前两章的分析可见，知识产权相关法律法规的最重要的立法主体是全国人大常委会法制工作委员会、国务院法制办公厅、国家工商行政管理总局法规司、国家知识产权局条法司、国家版权局版权管理司、国家新闻出版广电总局（原新闻出版总署）政策法制司的工作人员。其次，知识产权立法的公众参与主要通过向社会公众征求意见的方式完成，吸收了部分学者和有关政府部门人员、法律专家、各级人民法庭民庭经济庭负责干部、各级人大常委会有关负责同志、产业界和相关利益方等主体。从立法主导和参与者两方面分析，一线工人、农民、个体户、技术人员、自由职业者等社会阶层的意见表达并没有凸显出来。这首先是缘于知识产权法（有关著作权、商标、专利等的法律法规）本身是针对科学技术、智力成果的法律，它隐含的精英领域的立法、专门领域立法的属性可能天然地忽视社会底层和中下层阶层的意见表达。由于知识产权法律法规的拟订、修改和审议涉及较为艰深的专业问题，较大地依赖相关领域的知识精英才能完成，并且知识产权法律法规并不一定涉及普通民众的日常生活，例如并不是每一个人都将进行发明创造，或者与专利技术打交道，因此《专利法》并不是如《婚姻法》《劳动法》或者《刑法》那样贴近每个人的日常生活。由于知识产权法本身的精英法、专门法的特点，它不像其他法律那样贴近社会各个阶层的利益表达，而它所主要关注的利益相关人首先表现为掌握知识生产和再创造的精英们、进行知识产品创造、生产的科技企业，这些主体往往本身就处于社会阶层的中上层。知识产权立法本身不特别反映社会阶层的多元化结构，不主要关照社会中下层的主体，是由于其内容关于智力产品而立法过程的精英化、专门化的特点决定的。

那么，知识产权立法是否应当反映社会阶层的多元化结构，是否应当照顾中下层主体呢？如果从兼顾公平，或者约翰·罗尔斯《正义论》中对最少受惠者利益保护的平等观的角度，应当让知识产权立法反映出社会阶层的多元化结构，并且应当进行制度上的设计和牵引，照顾社会中下层主体的潜在利益和诉求。[②]

---

① 参看胡伟：《政府过程》，浙江人民出版社 1998 年版，第 254 页。

② 关于罗尔斯将正义与平等（公平）结合起来的论述，John Rawls，Justice as Fairness，The Philosophical Review，Cornell University，1958（4），p.67.

但是，如果从经济学和实用主义的视角，则会予以否定的回答，认为知识产权立法不应当关注“潜在”的利益和诉求，而是应当根据效用原则，仍旧将注意力放在真实和紧迫的利益和诉求之上，即肯定现存的精英主义、专门立法结构。否则，会出现立法、司法、执法成本过高，非必要的立法成本过高，社会成本过高，而法律的收益则较小。近现代以来知识产权的不断扩张趋势，本身反映出对知识产权的界定和执行趋于成本高昂。在一个简单的法律制度中，这些成本则可能变得特别地高。[①] 如果计算法的制定、适用和守法等一系列成本，维持精英立法、专门立法模式就显示出其必要性或合理性。维持现有的结构符合科斯第二定理（即规范的科斯定理）：在交易成本大于零的情况下，权利的初始安排将影响资源配置的效率，因此，法律制度应当寻求使交易成本最低的权利初始安排。[②] 维持现有的结构也符合波斯纳定理的假设：如果市场交易成本过高而抑制交易，那么权利应赋予那些最珍视它们的人。[③]

对知识产权立法现状具有较强解释力的法理学理论例如功利主义、目的法学、利益法学、实用主义等实际上有内在一致的理路。在现实中不同的利益和目的之间进行最优的选择，不仅仅锚定相关利益人的利益，也兼顾甚至更强调对整个社会整体知识水平的促进。如果从策略和支付等经济学视角看，现实的知识产权立法活动就是相关主体的博弈过程。各种理论对知识产权立法提供不同解释角度。然而，将社会分层理论、实用主义学说、博弈论理论与知识产权立法相结合，联系中国实践，可发现我国随着改革开放而逐渐出现的多元社会分层结构并没有对知识产权立法产生质变的影响，当代的知识产权立法本身较少反映出社会阶层的多元结构。从实用主义观念和经济学博弈论的视角来看，也许知识产权立法也不应当反映社会阶层的多元结构。知识产权的国内、国际立法都是政府和有影响力的社会精英（组织）的引导、博弈结果。

但这种合理化论证导致了一个问题：（包括社会底层的）大众参与知识产权立法的困境。如何突破知识产权立法领域中的社会中下层的参与困境？要对目前的知识产权立法进行改变（即打破均衡），从博弈论的角度看即要从参与者、策略、信息、支付等要素上发生新的变化。新的变化包括以下几方面的内容：

---

① ［美］威廉·M. 兰德斯、理查德·A. 波斯纳：《知识产权法的经济结构》，北京大学出版社 2005 年版，第 522 页。
② 参看 R. 科斯等：《财产权利与制度变迁——产权学派与新制度学派译文集》，上海人民出版社 2002 年版，第 20 页。
③ 参看理查德·A. 波斯纳：《法律的经济分析》，蒋兆康译，中国大百科全书出版社 1991 年版，第 20 页。

要么是立法参与者有新的变化，比如正规的立法主体（第二章所述，例如国家知识产权局、国家版权局等机构）、主要的相关利益人（第三章所述，例如中国版权协会、中国作家协会、中华全国工商业联合会等组织）、主要的立法博弈主体（本章所述，如政府、法院、学术科研机构等）在知识产权立法活动中有新的变化，包括成员的增减、主体权威或影响力的增减等内容。例如，知识产权法院的建立即可视为新的影响主体的出现。要么是立法策略发生新的变化，例如从政府主导为主的策略，转变为协商互动的策略，甚至允许公众发起并主导的策略。近年来指导性案例制度的建立，也可视为出现新的策略，即通过司法影响立法。下一章将通过论述知识产权立法的开放式结构，讨论打破（知识产权立法）均衡的可能性。

第五章
知识产权立法的开放式结构

我国的知识产权立法模式是相对静止、自上而下、政策导向型的立法模式，法律的制定和修改是较为被动地应对外部环境的立法活动。当前的知识产权立法结构偏向实用主义，注重立法的效率，能在短期内构建文本上较为完善的法律体系，但较为缺乏与社会现实问题之间的互动，较少关照到占社会大多数的中下阶层的利益表达。

如果将缺乏参与或者有限参与的立法结构描述为较为静止的闭环结构，那么与之相对照的参与式立法则表现为较为动态的开放式结构。本章将讨论：第一，公众参与立法的背景理论，以从理论上说明立法的公众参与的正当性与合理性，即为什么需要参与式立法？第二，如何在知识产权立法程序中设计合理的参与机制，在哪些程序或者哪些领域内需要参与，是仅在战略层面，还是强调在操作层面的参与？第三，除了现阶段知识产权立法中的征求大众或专家意见的方式，其他参与的形式有哪些？第四，与其他法律部门相比，知识产权立法的独特之处表现在它是有关知识产品的法律，对知识精英的倚赖和影响更重于其他法律，那么，为什么即使是与精英相关的法律部门，仍需要公众的参与？

笔者认为，知识产权立法宜采取开放式结构。立法的开放式结构则能在法律创制活动之初就保持对社会现实问题的关切，通过立法活动中参与者的交流、互动与博弈，使文本的法条成为解决现实问题的指引方向和救济措施。无论是宏观战略层面，还是具体的立法操作层面，都需要公众参与，我国的知识产权立法宜采取混合式立法决策的模式。知识产权的私权化立法也许应视为是国家在某阶段公共政策的选择或倾向，而知识产权的公共属性是公众参与理论的基础。如果要改变目前的静态、闭环、单向度的立法结构，那么应当对现有的立法程序做实质性改革，而最为经济的改革方式是将公众参与增加到立法准备环节。最后，为打破静态的立法均衡，通过司法促进参与式立法是一种有效策略。

第一节　公众参与立法的背景理论

我国当代的立法是自上而下的立法模式，既不同于哈耶克有关自生自发的秩序的法律生长模式，也不同于从习俗上升到法律这样自下而上的立法模式。无论是自上而下还是自下而上的立法模式，都是单向度的立法，缺乏立法者与法律接受者之间的交流。而公众参与立法能够弥补单向度立法模式的不足，促进立法者与法的接受者、司法者、执法者之间的协商与对话，使立法成为动态、可逆的过程，而不是静态固化的状态。[①] 立法的公众参与是民主制度的必然要求，是程序正义的切实体现，是源于对法律的公正价值的追求。本章将从民主决策、程序正义、法的公正价值这三方面的内容论证公众参与立法的正当性与合理性。立法的公众参与的正当性是指公众参与立法过程的行为不仅具有合法性，而且又符合该时期法律正义价值的标准。立法的公众参与的合理性是指，这样的程序设计是有效的，能够实现较好的立法预期后果。

一、开放平等对话（民主决策）的要求

大部分国家的立法活动都宣称是一种集体民主的议事活动，公众参与立法是民主制度的要求或反应。民主制度的运行依赖于公众的参与，参与式民主理论是对西方代议制民主理论的矫正和发展。实践中，少数精英掌握国家权力，多数民主和少数统治是理想与实践之间矛盾的体现，代议制民主的产生并没有实质性地解决这一问题。现代民主国家中，议会代表虽然应当对选民负责，但

① 关于自上而下、自下而上以及协商对话的立法模式，Peng He，Chinese Lawmaking : From Non-communicative to Communicative，Springer，2014，p.165.

在决策机制中代表们并不受选民判断的约束。① 熊彼得的代议民主理论则强调（民主）是为作出政治决定而实行的制度安排，在这种安排中某些人通过争取人民选票取得做决定的权力。② 西方的民主偏离了民主代表和平民决议的初衷，而成为一种竞争获得统治资格。这种民主理论通过制度化安排和程序设计将民主转化为政治家的统治，民主实质上不再是人民的治理而是人民批准的精英的治理，即精英主义民主观。人民主权与人民治理分离开来，前者成为一种宣言，后者才涉及真正的民主实践。而持参与民主理论的学者如佩特曼指出，熊彼得的理论中，源自公众的参与没有特殊或关键性的地位，民主成为少数领导者的事。③ 在当代主流的民主理论中，公众参与不再是民主的核心要素，民主政治甚至排斥除投票控制之外的其他形式的公众参与，公众参与成为最低限度的参与。④

然而，公民参与理应是民主的必要内容。在古希腊城邦时期的民主是指公民对公共生活直接参与管理。近代启蒙运动之后以卢梭为代表的古典民主理论也重视公民直接参与政治决策过程。约翰 · 穆勒提出代议制民主理论取代直接民主，公民通过参与决策和基础治理进行自我管理。再后来发展出的自由民主理论越来越偏离最初的民主参与决策，而将问题聚焦于如何统治。自 20 世纪 60 年代起，参与民主理论开始突破精英民主理论的压制，形成较有影响力的民主理论流派。在批判传统自由主义民主理论和继承共和主义民主理论的基础上，在 20 世纪 90 年代后期，从参与民主理论中发展出协商民主理论。它强调以对话、协商为中心的公民参与的重要性，国家的制度和程序由公民协商对话下形成，而并非相反。自 20 世纪 90 年代后期开始，协商民主理论引发了广泛的关注，罗尔斯、哈贝马斯等理论家都将自己视为协商民主理论的支持者。协商民主强调：民主最重要的标志是平等对话。德雷泽克（John S. Dryzek）指出，民主的本质是协商，而不是投票、利益聚合与宪法权利；协商民主背后的一个基本动力是相信人们会在与他人的讨论中不断调整自己对政策问题的看法；民主走向协商，意味着民主真实性的强化。⑤ 民主协商既表现在公民之间的平等协商，也表现在公民与政府之间的对话。对于立法活动而言，如果法律创制之后再花大量

① 参看［英］约翰 · 密尔：《代议制政府》，商务印书馆 1982 年版，第 171 页。
② 参看［美］约瑟夫 · 熊彼得：《资本主义、社会主义与民主》，商务印书馆 1999 年版，第 395 页。
③［美］卡罗尔 · 佩特曼：《参与民主理论》，上海世纪出版集团 2006 年版，第 95 页。
④ 参看钱锦宇：《参与民主：新型的民主形式》，《西北大学学报（哲学社会科学版）》2011 年第 6 期。
⑤ 参看［澳］约翰 · 德雷泽克：《协商民主及其超越：自由与批评的视角》，中央编译出版社 2006 年版，第 1 页。

的时间与精力去调整法律与社会生活不协调、与大多数人们的需要不一致的地方，将是低效的。公众参与立法节省了后期法律运行的试错成本，在立法之前和之初的协商对话机制自动地调整着法律和社会所有有关成员之间的关系。

二、开放动态程序（程序正义）的体现

公众参与的价值在于为民主提供一种程序正当性与合法性的依据。协商民主对程序化的少数服从多数制进行批判和反思。严格程序化的民主聚焦于意见的表达和聚合，强调多数票决策原则。这一焦点偏离了民主的初衷，将损害民主的理性交流功能，并导致了通过制度设计合法挤压少数人权利。① 但民主程序本应当承担提供合法性的全部负担。② 公民性表现在公民对公共事务与公共政策的关心之上，越有公民品质与公共精神的社会或社区越是民主，公民的公共参与越广泛且深入，民主与公共参与互为表里。③ 人民主权被切实设计在程序中，通过公共商谈的方式实现。人民主权从一种宣誓成为一种程序，它以公共商谈的形式生产交往权力。在利益和价值多元的现实世界，公共利益本质上是程序设计的问题，公共利益的构建与实现在本质上是一种社会契约的过程，它以肯定私人的意思自治为前提，以承认私权为起点，在法律的框架内依照法定的程序，在各种不同利益博弈的基础上形成的。④ 广泛的参与使法律真正成为人民意志与利益的体现，使人们产生对法律的信任和对法律权威的认同。

从概念上而言，参与本身即是一种程序的设置。这种程序设计即确定政府决策的一种方法或一种程序（a method or procedure）。⑤ 政府决策的正当性来源于此，因为它们是按照一种为人们所接受的合法的民主程序合法地制定出来的，是程序上的民主合法性。⑥ 这种和平有序的过程能够为多数公民提供影响政府决策的机会，使他们更加关注社群生活有关的规则制定过程，也使他们更

① 参看王锡锌：《公众参与：参与式民主的理论想象及制度实践》，《政治与法律》2008 年第 6 期。
② ［德］哈贝马斯：《在事实与规范之间：关于法律和民主法治国的商谈理论》，生活·读书·新知三联书店 2003 年版，第 686 页。
③ 何珊君：《法社会学视野下的权威扩散与公众参与的现代民主价值》，《学术论坛》2013 年第 9 期。
④ 杨寅：《利益的程序主义考量》，《法学》2004 年第 10 期。
⑤ ［英］弗雷德里希·冯·哈耶克：《法律、立法与自由》，中国大百科全书出版社 2000 年版，第 273 页。
⑥ ［美］约翰·罗尔斯：《政治自由主义》，译林出版社 2000 年版，第 455 页。

易于接受这样的程序中产生的结果，即便有时候并非完全对结果满意他们也仍然选择接受而非否定结果。

参与原则是程序正义的内涵之一，它指的是公民有权提出公共决策议程设置，参与决策讨论，并真正影响甚至决定决策制定。在参与原则之下，程序的结构是开放的、动态的，内容是可以自我修正和完善的。例如，在美国，正当法律程序原则是公民参与权的理论基础。根据美国宪法第 5 条修正案和第 14 条修正案的规定，未经正当程序，不得剥夺任何人的生命、自由和财产。因此，立法和执法活动如果影响到个人权利，必须听取利益相关人的意见，通过这一正当程序设置，给利益相关人获得法律救济的机会。立法活动中强调程序正义，通过容许公众参与立法程序，承认利益的多元现实，给予不同利益以平等、真实的表达途径，使利益各方能够进行充分有效的博弈，产生各方能够接受的妥协和平衡点，在此基础上形成代表多数人意志的法律。作为看得见的正义，程序正义通过公众参与这一形式得以保证，而公众参与这一程序原则的反复实现、程序正义的反复适用，让利益相关人和其他人能够对协商民主的意义和法律公正的价值有最直观的感受，对法治理念产生确信。

三、通过开放式结构实现法律公正价值

首先，参与体现了同等人（the peers）的观念。在司法活动中，裁判的结果公正和权威可以从同等人审判这一古老的原则和程序设计上体现。同样地，在立法活动中，设计平等参与的程序也是法律公正价值的体现，是人民自治的体现。立法活动的参与者是与真实具体事件和利益相关的人，这将避免法律条文脱离实际、教条化，将为之后处理社会问题节省司法成本。

其次，参与将增加公众对法律的信任，有实证研究指出，公众的社会公正感与对法律的信任有显著的正向关系。[①] 在参与立法过程中，每个人占有的政治、经济资源不同，表达的是个人所处的社群的利益诉求，因此，广泛地吸收不同阶层的个人参与到立法活动中，将有利于不同阶层、群体之间形成有效对话，

① Quinteller，E.，& Hooghe，M. Political attitudes and political participation：A panel study on socialization and self-selection effects among late adolescents，International Political Science Review，2012（4），p.63～81.

促进理解，合意得出各方都能接受的最终结果。被遗漏或排除在立法活动之外的群体，体验到的是负面的、被动的立法程序和结果，其对法律的信任程度也将弱于被积极包容进协商对话活动中的群体，最终可能导致阻碍法律的有效实施。而目前国内缺乏有关利益相关者参与政策制定的具体程序设计，容易导致决策过程的任意性、非科学性，不利于公正价值的实现。

参与使立法保持开放性结构，有助于防止立法活动的形式化、行政化或官僚化。公民参与立法活动，将防止立法活动成为一种机械化的命令发布活动，使立法活动致力于解决民众生活中的真实问题，让法律近距离地发生和形成于民众生活之中。公正意味着各种社会资源在各种社会主体间的分配是公平的，不同的分配和差异是基于合理的理由，在经济领域，体现为公民平等地参与社会公共利益品的分配，在政治领域，体现为公民具有平等地参与社会管理的权利，参与立法是公平价值在政治法律领域的体现。

在很长一段时间里，实用主义主导的效率价值超越了对公正的要求，兼顾公平意味着公平不是第一位的价值追求。而参与的程序设计，意味着将公正的价值放在效率之前，包容更多元的利益群体，必然意味着立法活动的效率相对降低，但最终将有利于法律的实施和法律的可接受性，从这个意义上说，追求公正只是在短时期内影响效率，而从长远来看，则是提高了法律运行的效率。

综上，如果不打开公众参与立法的渠道，立法将成为一种静态、僵化的系统。立法应当保持一种开放式、动态的结构，使民主体现在程序设计之中，让程序本身的正义价值得以呈现，将法律的公正价值置于效率价值之上。

第二节　知识产权混合型立法决策

公众参与立法的理念和程序设计应当体现在包括知识产权在内的主要的法律法规制定的活动中。随着公民文化水平和法律素养的不断提高，公民不仅应当参与知识产权立法决策中的操作层面，也应当逐渐参与到战略层面的决策。知识产权立法决策包括战略层面和操作层面两个层面的决策，战略层面是针对影响未来每个人生活的宏观决策，操作层面是针对现实的、近期的以及部分人的利益实现方式的具体操作，知识产权立法决策是一种混合型的立法决策。除了战略和操作层面的区分之外，公众对知识产权立法的参与，还可以分为一般和具体参与两种形式。一般参与包括公众直接、主动地就知识产权立法发表意见，具体参与指通过直接参与立法程序确认和维护自己的权利。

一、宏观战略层面的立法参与

在宏观战略层面，2008 年 6 月，国务院发布《知识产权战略纲要》（以下简称《纲要》），可以视为是我国知识产权领域从被动应对型立法向主导牵引型立法模式转变的重要标志。它是我国知识产权自主性立法意识觉醒的标志，是向国际知识产权保护谈判争取话语权的要求的显现。2005 年初，国家专门成立了知识产权战略领导小组。① 战略制定小组涉及国务院三十三个部门数百名研究人员。② 三年之后《纲要》获得通过，于 2008 年 6 月正式颁布并全文公开发表。遗憾的是，从现有公开资料上，无法查到参与制定《纲要》的研究人员的姓名、专业和履历，也未查到有公众参与到宏观战略立法决策层面的信息。

实际上，在《纲要》颁布之后，社会各界对《纲要》所反映出的宏观战略的争论不一，根据各方的实际经验，在一些重要问题上存在不同观点，例如在是否要进行知识产权保护、是否加强知识产权保护、是否推进加强行政保护等关键问题上都存在争议。反对知识产权保护的观点指出以瑞士为例的发达国家长期没有专利法，却成为欧洲最富活力的钟表制造国和生物药品产业国。反对加强知识保护的观点，则以日本、韩国为例，指出我国现阶段采取弱保护更加适宜，在现阶段应当降低成本、规避风险。另有观点认为应当按照国际惯例实行司法保护，反对加强行政保护。该观点认为纲要中加强知识产权行政管理和发挥司法保护知识产权的主导作用蕴含着矛盾。除此之外，还有学者指出由于

① 时任国务院副总理吴仪同志为组长。吴仪同志曾是对外经贸部的部长，到国务院工作后主管外贸工作，是我国在外贸领域的谈判专家。

② 参看田力普：《国家知识产权战略纲要的实施与推进——在中国知识产权研究会第五次全国代表大会暨学术报告会上的讲话》，《知识产权》2008 年第 4 期。

缺乏知识产权业务主管部门，缺乏专业人才和工作人员，缺乏长效合作机制，维权行动较为被动，知识产权微观管理效果难以衡量，企业难以评估和承担运用知识产权的风险。这一系列现实问题使得公众对纲要内容的深入理解有障碍，准确解析有困难，最终可能影响到《纲要》的执行和具体化。

在《纲要》发布之后，各地方都积极刊发学习和贯彻《纲要》的通知。实际上，在全国性的《纲要》出台之前，各地方已经着手或早于全国性的《纲要》积极制定了本地区的地方知识产权纲要（例如上海、深圳、贵州、山东等地都有早于2008年的地方知识产权战略纲要）。如果《纲要》的制定过程是从吸收地方知识产权纲要的立法经验和实证研究的基础上做出，将更好地反映出各地方对于知识产权保护的不同需求、不同目标或者不同战略阶段的任务设计。因此，不同于仅从国务院33个部门选择人员进行全国知识产权战略制定的方式，如果同时能从各地方选择代表加入战略制定小组，将更好地反映地方差异、地方对知识产权保护不同水平的具体诉求。

各行业协会的代表也应当被纳入战略纲要制定活动中。目前我国行业协会中的各部门大多以经济性职能为主，在知识产权保护方面缺乏自主意识。但行业协会是反映各行业对知识产权保护不同诉求的较好代表，从参与立法活动开始，行业协会之间、行业协会与国家主管部门之间、行业协会与其他利益相关人之间就可以进行对话、交流和协商，形成良好的互动。参与宏观战略制定活动，即使只是列席和表达诉求，都能够使各方对宏观目标更清晰明确，也能使战略制定者针对行业的发展状况和水平制定适合的各个战略阶段，而之后具体的规范性文件的制定，也同样应当让行业协会代表参与，促进各相关行业对知识产权保护的重视。

与知识产权保护相关的司法机关、执法机关的代表应当被纳入战略目标的制定活动中，倾听司法机关、执法机关对于以往案件审判和执行等方面的经验，将使战略制定建立在实证的基础上，对于未来知识产权司法、执法中将面临的重点、难点可以提供建议和预测。制定宏观战略不能不考虑战略的可实现性，而可实现的目标依据于对以往经验的总结和对未来问题的合理预判。知识产权保护相关司法机关和执法机关可以说是一线工作人员，应当将他们纳入宏观战略制定的活动中。

最后，应当开通公众参与到宏观战略层面立法活动的途径。宏观战略事关国策，但并不意味着公民不能对宏观战略层面的立法产生积极影响。按照马克思主义理论，国家是私有制出现以后阶级矛盾不可调和的产物，其本质是阶级统治，而根据我国宪法，工人阶级是国家的领导阶级，工农联盟是我国人民民主专政的基础，工人和农民阶层的代表作为领导阶级应当为其设立途径参与到国家大事的决策过程中。党的十七大报告指出：从各个层次、各个领域扩大公民有序政治参与，各个层次应当包含最高层级的政治决策过程。传统中国家长式的决策过程所伴随而生的是行政机关包办式的决策心理和民众顺从依附式的观念和态度。当然，公民参与并非是指只要是公民就可以参与到公共政策的决策过程，这既不现实也不科学，有序参与的制度设计非常重要，它将引导那些真正与决策议题利益相关的人、能够对决策过程产生积极影响的人以科学的方式参与到决策过程中来。

以往的立法模式，一直将战略制定视为顶层设计，即自上而下的单向度立法模式。实际上，即使是顶层设计，也并不应当仅仅是国务院各部门领导进行设计，而应当鼓励吸收各地方、各行业、相关司法机关、执法机关的代表以及公民代表进入顶层设计的活动中，这样才更有利于战略纲要对地方的导向作用，促进对地方以及行业规范体系的建设和完善，牵引各行业展开全面布局，加强司法机关、执法机关和立法机关之间的对话、交流和合作，让公众对立法活动产生信任和发挥积极影响。

二、立法决策的操作层面

至于知识产权立法决策的操作层面，指的是除国家战略层面的知识产权相关立法和政策之外的所有法律法规的制定过程。从逻辑上说，知识产权立法应当既包括国内的相关法律规范的制定，也包括参与国外相关知识产权的公约、条约、协议等规则的签订，也就是国内法和国际法两方面的内容。

从国内法来说，知识产权法和其他国内法的区别在于，它并不像婚姻法、合同法、继承法、劳动法等法律一样密切关系到每个公民的权利，其主要涉及的是知识阶层、科技文化以及相关贸易方面的人群的利益。普通公众，社会底层民众，难以获得知识产品或者不进行商业贸易活动的人，他们是否需要参与到知识产权立法中？如果不需要，立法的公众参与是否还为他们保留参与的渠道或途径？如果不保留，从法经济学的角度看是基于立法效率的考虑。如果保留，理由何在？而国际法中的公众参与就更加困难了，普通公众如何参与到国际条约的协商活动中？如果没有必要参与，或者如果没有参与的现实可能性，公众参与国际知识产权立法就不是一个真问题。

在本书导论部分曾经介绍过公众参与理论中的赋权阶梯和利益相关人权力矩阵。在公民赋权阶梯中，可以看到公众不参与的情况下，公众只能得到少量信息、可能形成假意咨询和公民炒作。而在公民控制这个极端，不适合立法的现实，因为现阶段没有一个国家能够实现由公民控制立法活动，也不应当鼓励公民直接控制立法。在公民参与中，可以产生有效的咨询、获得高质量的信息、合伙合作等积极的后果。传统的公众参与理论将公民与立法者之间的关系视为一种对立的关系，两者的权限被视为此消彼长、一方决策一方接受这样的单向度、不可逆的过程，也就是权力之间的一种零和博弈。但公众参与并不必然意味着减少或削弱决策人、代理人或专家的作用，而是在增加公众参与的同时，促进整个社会利益的增加，即形成一种正和博弈的局面，对传统决策人、代理人、专业人士而言也是有利的。但并非越多的参与就越好，正如导论中对于利益相关人权力矩阵的介绍中可以看出，权力和参与之间可以视为一种连续的关系而非一系列彼此断裂的层级。对于混合型决策，利益相关人既有较高的标准性权力，又有较高的操作性权力。反过来说，只有既参与标准性权力的使用（即上文所述国家知识产权战略的制定），又参与操作性权力的使用（即其他法律法规的制定），才能算是完整意义上的参与立法。

三、社群主义下的立法参与

为什么应当为普通公众甚至社会底层开放和保留参与到立法活动中的渠道？对这一问题的经典解答（参与式立法的背景理论）可以追溯到社会契约论。社会契约论是一种假说，认为国家、社会、政体的形成是基于人们的协商契约，最初是在自然法学派对自然法的形成和发展的讨论中发展出来的理论。社会契约论是关于社会形成于契约之上这一类理论的统称或简称，但实际上有各种不同的契约假说。例如 16 世纪末的法学家托马斯 · 霍布斯，他的社会契约理论的前提假设是竞争型的自然状态下人们为了生存而不得已让渡某些自然状态下的权利，与他人之间形成较为和平的状态：（自然状态下的）生活是孤独、贫困、肮脏、野蛮而稍瞬即逝的，自然状态下的人是所有人对所有人的战争状态，因此自然法教会人们自保的必要：法律和国家因此而产生，因为人们希望保护秩序和安全。在社会契约之下，我们必须放弃某些自然状态下的自由（例如杀害他人的自由）来创立一个秩序的社会。在霍布斯的社会契约理论中，保持和平是自然法的第一法则，而人们签订社会契约就是为了和平、秩序和安宁。之后，17 世纪中叶的英国法学家约翰·洛克则在《政府论》中强调了保持私有财产权的重要性，认为社会契约是维持有关生命、自由和财产以及享受其他一些私权（例如追寻幸福的权利，以及在市民社会的普遍的善这些价值目标）的必要前提。霍布斯的自然权利先于自然法，而洛克的自然权利则产生于自然法，或者换句话说自然法代表着他所认为的理性。洛克的社会契约理论的现实背景是英国 1688 年的光荣革命，其产生的基础是对费尔莫（Filmer）《父权制》一书的批判。洛克的自然法代表着理性，是上帝的命令，表现了所有事物本身的性质，人人生而平等并且生而自由。洛克认为自然状态下的人们通过理性判断自己的事物，通过理性进行合作，洛克的自然状态并非如霍布斯的那种一切人对一切人的战争的自然状态，而是一种理性的状态。而为了建立规训的权力以及为了保护财产，人们加入共同体中，将自己置于政府的统治之下。每个人都让渡了自己的私权以进入社会或者公众，来实践自然法，保护自己的财产。这些都是通过每个人的同意而达成，也就是洛克定义的社会契约。而更稍后的卢梭的《社会契约论》则是指个人与社群之间签订的合意，它的基础是共同的意志或译为社会公意（the general will）。卢梭认为，一些自然权利是无法被移除的，但通过对立法机关授予共同的意志，法律可以合法地侵犯某些自然权利。如果政府代表着共同意志，那么它几乎可以做任何事。[①] 可见，社会契约论本身也分为三条脉络：以霍布斯为代表的，认为社会契约是避免战争竞争状态的和平契约；以洛克为代表的，认为社会契约是保护私有财产的理性选择；以卢梭为代表的，认为社会契约是社会公意的体现。不同的社会契约理论或者认为个人与个人之间签订和平契约（如霍布斯的理论），或者认为个人与社群签订契约（如洛克、卢梭的理论）。

个人与他人以及个人与社群之间的关系因此成为理解社会契约论的关键问题之一。而这也是理解公众参与正当性的关键问题之一。自由主义往往和个人

① ［英］雷蒙德瓦克斯：《法哲学：价值与事实》，译林出版社 2013 年版，第 9 页。

主义联系在一起，而社群主义则是论证公众参与正当性的重要依据。在社群主义理论下，并不存在原子的个人、孤立的个人，社会中的人都与他人直接间接地发生联系，不存在完全不与他人或社会交往的个人，因此，理解个人在家庭、某个共同体以及社群中的身份地位非常重要。中国儒家传统中的三纲五常其实讲的就是个人与他人以及社会是如何在儒家伦理下组成各种交往关系，由不同的关系遵循各种交往规则。如果用社会契约论来解释现代社会人们在社会中的交往理性，则应当同时关注个人与他人，以及个人与社会之间的关系，甚至更重要的是关注后一种关系而非前一种。如果是强调个人与个人之间的协商，那么平等就是首要的价值。平等的身份是签订公平契约的前提。但如果我们回忆一下亚里士多德的经典提问"怎样才算是正当的生活？"，以及芝诺·班考夫斯基在其代表作《法律之爱》中对法律与爱之间可能存在的相互关系的论证，答案可能就不那么简单：如何在规则之下自由生活，同时又是正当的生活？[①] 英国当代法理学家杰里米·沃顿为多数人的决策进行论证，他的观点相近于重申了功利主义的自由主义学说；而哈耶克和卢克·维根斯（Luc Wintgens）则倾向于为康德式的自由主义和个人主义学说辩护。

在此简单回顾一下西方有关社群主义的理论。从20世纪70年代以来，包括查尔斯·泰勒（Charles Taylor）、阿拉斯代尔·麦克银泰（Alasdair MacIntyre）和迈克尔·桑代尔（Michael Sandel）在内的哲学家都对自由主义学说提出过质疑。他们显然都受到黑格尔哲学的影响，认为人的社会属性以及道德与每个社会习俗之间的紧密关系是理解人性的关键。他们也吸收了亚里士多德的道德生活的理念，这些社群主义哲学家将善与人的目的性相结合，认为人的目的性反映出一系列道德品质。

个人主义者关注个人和人权，但社群主义者则认为我们不可能脱离社群的共同的目的来讨论政治制度的安排，也不应当脱离市民、共同体生活的参与者这样的角色来考虑个人。[②] 个人始终处于社群之中，因此个人主义论者所秉持的基于个人权利理论基础之上的自由理论是不完善的。在《自由和正义的局限》一书中，以及在其对罗尔斯《正义论》的批判中，桑代尔指出自由主义理论的一个误解是将个人从社群中抽离出来进行讨论。麦克银泰也指出自由主义中的

---

① 参看 Peng He，Chinese Lawmaking：from non-communicative to communicative，Springer，2014，p.143.

② 参看 Michael Sandel，Liberalism and the Limits of Justice，New York：Cambridge University Press，1984，p.64.

个人缺少对其社会身份的认知。[①] 社群主义者认为个人不仅仅是由社会塑造，也同时是在社会中不断成长变化的。

正是由于个人产生于社会之中，被社会塑造并随着社会的发展变化而发生自身的变化，人与人之间的相互沟通和交往不仅仅是理想，而是真实事实。参与式立法不仅仅是一种理想模式的立法，它也是对真实世界中人们相互交往、相互依赖生存的一种复述和表达。交互式公众参与立法（communicative lawmaking）因此从来不是海市蜃楼，而是对客观现实的再现和理想化的表达。正因为与人交往、参与社会是客观存在的人的生存模式，保持公众参与立法的渠道和途径就和人们参与任何其他社群活动一样是合乎自然的事，并非一种臆造或创新。应当鼓励和允许公众直接参与立法，因为协商民主的核心是理性的对话、论证和说服，而不仅仅是多数派原则和投票。通过充分沟通形成理性的合意。[②] 因此，鼓励公众参与知识产权立法，不仅仅是因为这涉及公民个人的私权利，而是因为它关系到社群的利益，作为社群中的个人应当有参与的渠道。

除了宏观层面的知识产权战略的构建，在具体的知识产权法律法规的制定过程中鼓励公民民主参与也具有同等也许更为重要的意义：人们通过持续的、各种各样的参与行动，来影响、管理、控制与他们日常生活相关的有关知识产权的各类事物。通过公众参与，知识产权立法不仅仅是静态的制度安排，更成为一种动态的行动过程和生活方式。

第三节　知识产权的“公地悲剧”与私权化立法

社群主义下的权利观念不同于建立于个人主义之上的权利观念——社群主义下的权利观将对知识产权的私权属性提出质疑。一般认为知识产权的私权性是知识产权的本质属性，或者即使说知识产权具有公权属性，也是矛盾的次要

---

① Alasdair MacIntyre, After Virtue, Notre Dame : Notre Dame University Press, 1981, p.6.

② 王锡锌：《公众参与：参与式民主的理论想象及制度实践》，《政治与法律》2008 年第 6 期。

方面。[①] 无论是一体两权、无形财产权还是普遍人权的各种说法，都没有离开知识产权私权品性的基本范畴。[②] 关于知识产权的私权本质，主要的论证依据有：《知识产权协定》在其序言中宣示知识产权为私权。[③] 知识产权属于民事权利，民事权利具有私权属性，因此知识产权具有私权属性。[④] 将知识产权理解为无体财产权，因此罗马法所留下的私法原理和规则，尤其是无体物理论，为诠释知识财产法律化（即私权属性）提供重要的思想资料。[⑤]

但同时，人们又普遍承认知识产权并非起源于任何一种民事权利，也并非源于任何一种财产权。[⑥] 知识产权制度的形成，经历了一个由封建特许权向资本主义财产权嬗变的历史过程。[⑦] 而无论是说知识产权并非源于财产权，还是说知识产权最初是一种封建特权，实际上就是否认了知识产权产生之初的私权属性。现代西方理论中将知识产权划为私权属性，与其说是对客观事实的描述，毋宁说是希望借用私权神圣这一西方法律传统，强化对知识产权的保护。从这个角度上说，认为知识产权的本质属性是私权，或许是国家在某阶段的公共政策的一种选择或倾向。

换句话说，公共政策对于知识产权属性的定义有重要影响。实际上，我国法律界在相当长一段时间里批判知识私有，认为技术发明创造成果或智力产品的获得具有社会属性。直到 1978 年以后，专利权、商标权被确认为可以在贸易中使用并获得收益的专有权，知识产权的私权属性才逐渐被接受。另外，TRIPS 协议将知识产权规定为私权，我国成为 TRIPS 协议的成员之后也需要将知识产权作为私权对待。从我国知识产权立法发展来看，从批判知识私有，到承认知识产权为私权，实际上是国家的公共政策的变化主导着知识产权属性观念的变化。

也许，正因为知识产权的本质兼具公共属性，国家才需要法律的强有力干预和确权，对符合国家利益的知识产权进行私权化的保护。正如西方学者敏锐

① 参看冯晓青、刘淑华：《试论知识产权的私权属性及其公权化趋向》，《中国法学》2004 年第 1 期。
② 吴汉东：《知识产权总论》，中国人民大学出版社 2013 年版，第 14 页。
③ 吴汉东：《知识产权总论》，中国人民大学出版社 2013 年版，第 10 页。
④ 冯晓青、刘淑华：《试论知识产权的私权属性及其公权化趋向》，《中国法学》2004 年第 1 期。
⑤ 吴汉东：《知识产权总论》，中国人民大学出版社 2013 年版，第 11 页。
⑥ 郑成思：《知识产权论》，法律出版社 1998 年版，第 4 ～ 5 页。
⑦ 吴汉东：《知识产权总论》，中国人民大学出版社 2013 年版，第 12 页。

地感觉到，极端西方个人主义财产法概念的知识产权与现有的产权模式和许多社会的根本的社群主义价值观格格不入。①知识产权往往僵化现状而非激励创新和改变异化和剥削的事实。②将知识产品视为如其他任何资源一样的东西，将它放入市场的规则中，也就是成为任何意愿为其支付更高对价的人的财产，最终增加社会财富，这样看似合乎市场规则、看似中立的论证，实际上隐藏了一个真正的事实：多数的普通人也许有意愿支付却不能支付最高的价格，而资本拥有者或其他强势的主体则最终能从自由竞争的市场规则中获得最大的利益。意愿支付与能够支付之间的关系被混淆，强势市场行为者持续增大的优势变得自然而然。③通过全球知识产权个人化，欧美发达国家实现了对他人思想和资源的盗用。因为它们主导的知识产权法将版权、专利、商标等更为便利地被盗用和转移到愿意且能够为其支付更多的人手里。④西方的建立于私权、个人主义之上的知识产权观念不能够涵盖所有人类价值表达的可能性，而仅是作为一种西方信条组成——它反映了主导市场的少数人的利益——并被普遍化。⑤世界各地都有大量的实例表明，来自村庄的共有知识被西方科学家发现并进行改进和包装，获得专利，成为个人产权结构下的私权、财产，本来属于共享的知识现在需要支付较高的对价才被允许获得和使用，村庄的当地人因此不可能继续对其传统的共有知识继续使用，因为他们没有能力去支付新的西方化的价格。这就是知识产权法律掩盖下的思想和知识的掠夺。⑥

知识产权的公共属性的客观基础是知识的公共性。社会科学研究表明，人类文明依赖公共性知识的存在，没有公共性的知识不可能发展人类文明。反之，没有人类共同体的存在，知识或者说人类文明存在的必要性也将存疑。⑦任何一个知识产权的形成都离不开人类共同拥有的知识财富的应用。从表面上看，知识产权保护的目的是为了激励创新，但实际上知识产权并不保护例如爱因斯坦

---

① 参看［美］乌戈·马太、劳拉·纳德：《西方的掠夺：当法治非法时》，社会科学文献出版社 2012 年版，第 97 页。

② 参看［美］乌戈·马太、劳拉·纳德：《西方的掠夺：当法治非法时》，社会科学文献出版社 2012 年版，第 98 页。

③ 参看［美］乌戈·马太、劳拉·纳德：《西方的掠夺：当法治非法时》，社会科学文献出版社 2012 年版，第 98 页。

④ 参看［美］乌戈·马太、劳拉·纳德：《西方的掠夺：当法治非法时》，社会科学文献出版社 2012 年版，第 98 页。

⑤［美］乌戈·马太、劳拉·纳德：《西方的掠夺：当法治非法时》，社会科学文献出版社 2012 年版，第 100 页。

⑥ 参看［美］乌戈·马太、劳拉·纳德：《西方的掠夺：当法治非法时》，社会科学文献出版社 2012 年版，第 101 页。

⑦ 参见王太平：《论知识产权的公共政策性》，《湘潭大学学报（哲学社会科学版）》2009 年第 1 期。但应当注意到，与本书作者的观点不同的是，该书作者认为知识产权的公共政策性与其私权属性并不矛盾而是互补关系，认为人的理性和自利性是私权属性的基础，而公共政策性是对私权属性的限制和补充。

的相对论这样的自然科学的创新和应用，它通过对自然科学知识的实用性占有来侵犯人类自由运用自身智力权利的基本人权。[①] 例如，知识产权保护期的设计，知识产权时间上的有限性已经表明了它不同于其他私有产权，它一开始就具有公共产权的性质。

20 世纪初，莫顿（Robert K. Merton）指出科学知识的四个精神特质：普遍主义、共有性、无私利性、有组织的怀疑。[②] 其中公有性与无私利性指向着对资本主义经济中将知识转化为私人财产的批判。或者更准确一点说，知识本应是一种公共产品，这决定了知识产权具有公有属性。从孔子时代开始，知识分子打破知识垄断，将知识视为是社会的、集体的共同财产，而非个人的私产。知识本身具有非竞争性与非排他性的特征，具有广泛的正外部效应。知识的非竞争性、非排他性、正外部性意思是说一个人对知识的消费或使用并不影响其他人对知识的消费或使用，一个人从知识中获益不会影响他人从中获益，它惠及知识生产者与其他人。知识的传播属性使知识的生产者往往不能从中获得独占性的经济利益，知识的使用者也没有数量上的限制，因此知识的市场价值在法律制度之下才能固定和维护。

然而，本应是公共产品的知识在现代化的过程中逐渐被商品化了，在全球化和知识经济的背景中这种转化表现得更剧烈和彻底。全球经济形态从工业经济转向知识经济，知识取代物质资本成为目前和未来财富的主要来源，知识也成为国家竞争力的核心或者说决定性因素。在这一背景下，20 世纪末，以美国为先导，国际上对知识性质的认识也发生改变，将知识从社会共同财富和公共产品的范畴转化为商品范畴。对知识本身的内在价值的认识转变为对知识的交换价值与使用价值的看重，尤其是对其交换价值的重视。

知识从公共产品转向私人产品或商品的标志性事件是 1980 年美国国会颁布的《贝耶 - 多尔法》（Bayh-Dole Act），又称为《专利和商标修正法》（Patent and Trademark Ack Amendments）。[③] 该法明确指出承认技术向私人部门的转移是联邦财政资助科研的理想结果，公共资助技术的专有性是达到这一目标

---

① 参看黄凌云、张国玉、余斌：《知识产品的公共物品属性与知识产权保护的制度设计》，《中国特色社会主义研究》2006 年第 4 期。

② Merton R.K，The sociology of science：Theoretical and empirical investigation，Chicago：The University of Chicago Press，1973，p.274.

③ 蒋凯：《知识商品化及其对高等教育公共性的侵蚀》，北京大学教育评论 2014 年版，第 53 ～ 65 页。

所必需的。[①]这一法案的颁布和实施，从法律上确认了发明者的专利权，确定了知识的私有性、私人产品性。以《贝耶·多尔法》的颁布为起点，大多数知识产权法调整的各类知识先后开始了从公共产品向商品转化的历程。基于知识的产权性和可贸易性，世贸组织通过制定 TRIPS 协定推动了知识产权贸易。

在公共产品知识体制下，知识自由传播而不为私人所有，知识产权的公共属性表现明显；在知识经济时代，知识成为商品，为私人所有，在国内外市场进行交易,知识产权也就顺理成章地成为一种私权。但应当从这一转化过程看到，知识产权并非天然地是私权，它本来具有公共属性，只是在知识成为商品之后，知识产权的公共属性才成为第二属性，私权属性才日益突出，成为现代知识产权的本质属性（第一属性）。

但如果要回归知识产权的公共属性，那么以个人主义、私有财产为基础的权利以及附着其上的权力、金钱交换的结构，就要回归于以社群主义、公共产品为基础的交往、对话等结构，知识本身的价值将从政治、经济等公共政策导向中重新被发现并重新独立出来。在现阶段，知识的公共属性与私人产品、商品性质并存是全球化、知识经济背景中的现实。不可忽视的是，现阶段的各类知识产权虽然表现出极明显的私权性质，但它的另一属性是它的公共属性。

对知识产权法私权价值的一种经济学诠释是知识公地悲剧理论。公地悲剧是对公共牧场、公路、公园或公共鱼塘所出现的过度拥挤现象的解释，公有不排他的苹果树上的苹果从来没有能长熟的。[②]这是由于不能排他地使用公共牧场，人们不关心公共牧场的休养和维护，只关注自身利益的每个人都自由地进入公共牧场分享收益，其结果是过度放牧，最终导致牧场损坏。知识的非排他性同样会导致知识使用上的搭便车问题，知识公地悲剧就会产生，因为每个人都想免费使用知识最终可能导致没有人有动力去生产知识产品——免费使用将导致生产知识激励不足，即搭便车导致供给不能或不足。在这种解释下，法律通过确认和保护知识创新人垄断知识、技术发明者垄断技术的权利，使其知识、技术的市场价值获得保障，维护其利益并刺激新的创新和发明，增加知识的充分

① Jaffe，A.B. The U.S. Pattern System in Transition：Policy Innovation and the Innovation Process，Research Policy，2000，p.533～557.

② 经济学家加勒特·哈丁（Garrett Hardin）在 1968 年《科学》杂志上发表《公地悲剧》，对公共资源使用出现的困境做出解释。A. 阿尔钦：《产权：一个经典的注释》，转引自温芽清、南振兴：《知识产权法的二元价值目标及其均衡——基于法经济学视角的分析》，《河北大学学报（哲学社会科学版）》2010 年第 5 期。

供给，避免知识公地悲剧。

然而，这一解释路径的问题在于，第一，将知识和实物性公共资源相类比，未关注知识产品的独特性在于它并非有限的资源，而（从理论上而言）知识产品是可以被无限创造出来的资源。因此，知识的供给不足问题与实物性公共资源的供给并不完全相同。只要保证存在持续的创造，就可以有充分的供给。第二，将知识创造活动置于市场之下，仅考虑到知识的商品属性，而并未从知识的公共属性着眼。很多知识产品并非个人的创造，而是整个村庄或社会里共同智慧的结晶。如果仅从理性经济人假设来考虑知识创造者的动机，那么市场的激励机制是必要的。但如果从整个社群发展的角度考虑知识创造者的动机，一个（或多个）为了改善全村落的环境、提高整个社群福祉的知识产品的创造者将乐于分享其创造，并不介意将发明创造的结果分享给村庄、社群的所有人。通过垄断知识来获得市场收益的行为，在这样的村落或社群里反而不会受欢迎。第三，一旦不再将知识视为商品，而将知识视为改善生活福祉的产品，市场为私的激励机制就将变得有限，促进整个社群发展的情感将成为主要激励机制，无私或为公的理想观念将持续地激励人们的创造活动，无论是单个的个人发明还是集体发明都将保持或增加知识产品的供给。第四，理性人的假设过分强调经济、效益，认为只有外部激励才能促进创新，忽视了创造也是人类的内在属性之一，对自然界、社会以及自身新知识的探索和好奇，本身不需要外部规则激励就存在，甚至很可能会因为添加了外部激励规则反而阻碍了真正创新的动力。一旦将行为与获得利益挂上钩，创新本身的灵感和乐趣将大打折扣甚至发生扭曲和偏移。市场激励之下，人们会根据利润的多寡去做不同领域的创新，反而会形成某些利润较少的领域无人问津的局面，形成真正的供给不足（例如无人研发穷人需要的药品）。如果不为创新添加外部激励，将形成全领域、多样性的创新。

财产与智力劳动形成的财产是否能够进行类比并做同质化的分析，这本身是尚待商榷的问题。但智力成果如果不属于个人，是不是意味着对现代知识产权体系的彻底解构？答案并非这么简单，知识产权不仅仅关于对个人、企业、村落、社群的智力活动的财产属性的认定，还与国家层面的科技、政治、贸易、经济、外交活动密切相关。知识产权法通过国家权威将智力成果私权化、财产化，是适应现阶段我国市场经济的需求、在与科技大国贸易交往活动中保护我国自有创新能力的要求。因此，即便知识本身具有公共属性（知识产权也因此具有公共属性），也不能否认这一现实：是法律将产生于智力成果之上的权利以私权的形式确认和保护。法律本身成为知识产权私权化的过程的重要影响因子。因此，理解现代知识产权立法的意图和目标成为关键。而现代知识产权制度建立的基础是保护私权，其目标是通过保护私权最终实现公共利益的增长。

第四节　协商互动的知识产权立法形式

现代知识产权制度建立的目的是保护私权，法律认定私权、财产权是知识产权的本质属性，但知识产权也兼具公共属性——从知识的公共属性可推导出知识产权具有公共属性。知识产权现代立法是通过法律干预使得知识产权私权化的过程。而知识产权的公共属性是知识产权立法的公众参与的理论基础。因为知识产权制度不仅仅保护私权，它也最终（而且往往同时）涉及公共利益。公众参与知识产权立法具有合理性和正当性。

目前我国知识产权立法的有限公众参与形式需要进一步拓宽。具体说来，我国常见的公众参与立法的方式包括：听证、公开征集意见、立法调查、座谈会、论证会等。在第二章对我国知识产权立法述评部分已经指出，公开征集意见、座谈会、论证会等公众参与的形式已经在我国有关知识产权立法中有所体现，但总体而言是一种有限的参与：基本法中现有的有关知识产权内容的主要起草者中只参与了极少数对知识产权制度有全面且专门研究的学者，反映出我国知识产权相关专业人才的缺乏；相关重要法律中的利益团体参与较少，而数量众多有利益关系的主体并未参与到立法过程中；主导和参与立法的工作人员、立法流程较少做到信息公开；立法主体通常向社会公众发布相关法律法规修改的征求意见的通知，但从形式上看仍然更类似于单向度的信息反馈，而非协商互动式的立法；从过去的经验分析，企业、个人较少有参与到知识产权立法的渠道；私人部门、非政府组织、普通企业、个人的立法参与方式极为有限。

为了拓宽公众参与知识产权立法的途径，使传统的单向度的立法渐渐转变为协商互动式的立法，应当针对目前公众参与中存在的问题进行以下五方面的改进：首先，应当培养和吸收更多知识产权专业人士参与到法律草案的起草过程中；其次，应当为利益相关主体和其他普通公众开辟参与到立法活动的渠道；第三，将立法流程、参与人员的相关背景信息公开；第四，除了以征求意见的通知的方式听取公众对法律草案的意见和建议之外，应当注重设计双向交流的参与立法模式，例如在公开征求意见之后配套座谈会、研讨会，鼓励和引导公众有序参与到这类讨论会中；第五，为私人部门、非政府组织、普通企业和个人参与相关知识产权立法提供机会和路径，在没有必要的情况下不进行资格审核等删选，而是为公众尽量创造更广泛的参与空间，让公众参与成为真正的、可行的参与。

按照立法的程序设计配套的参与机制：首先，在法律草案的起草阶段，召开公开的说明会，讨论说明制定新的法律或者修订旧的法律的必要性或理由，这一阶段以单向的信息传递为主要形式，但应当保留公众提议、交流的机会。其次，在信息发布之后进行公众意见调查。通过问卷、电话、访谈等多种信息传播方式，收集公众的意见和建议。这一阶段应当注重使用互联网这种影响广泛、反馈快速、成本经济的媒介进行与公众之间的互动。再次，召开讨论会让公众陈述意见，也称为意见陈述或者辨明程序。这里的公众不必然是相关利益人，可以是任何普通个人，也应当吸引更多专家的参与。应当在陈述程序之后设立异议期间，意思是为陈述设定一定的期间，必须在这一期间表达的意见才是后面的程序进行讨论的依据，即从时间设定上控制参与容量（人数、内容）。之后设立公众听证会（公听会），将意见陈述阶段的有争议的意见进行公开交流和沟通。视争议情况不同，可以仅进行简单讨论，或者设立严格的言辞辩论、举证质证过程以类似于审判的结构进行辩论。在以上这些阶段，都应当配套公告和评论环节，将信息公开，总结每一阶段的重点话题，为下一阶段讨论做准备。

在草案进入立法机关进行正式的审议和决策阶段，即三读程序阶段，公众参与表现为立法机关代表的选择上体现民主的价值。我国的立法机关是人民代表大会及其常务委员会，人民代表的人选应当充分体现民主性和代表性。在本书关于多元社会分层中的知识产权立法部分曾分析过，当前我国的多元化社会结构并没有影响知识产权立法，也没有反映在知识产权立法中。我国人大代表的结构比例并不反映社会实际阶层的结构比例。从立法的主导者和参与者来看，我国当前的立法均未反映出一线工人、农民、个体户、技术人员、自由职业者等社会阶层的意见表达。由于知识产权是典型的精英主导型立法，它本身较少关注社会中下层的主体的诉求，其目的不在于反映社会阶层的多元化结构。因此，应当注重关照选择社会中下层普通民众的代表，使尽可能多的社会阶层、不同利益主体的代表参与到正式审议程序中。

以2017年在中国人大网上查到的拟制定、修订的法律为例[①]，点击“法律草案审议”，查找当前正在审议的与知识产权相关的法律草案，看到民法典草案中拟增加“保护虚拟财产规定”：民法总则草案第一百〇八条规定，民事主体依法就数据信息享有知识产权。可以看出，这样的规定反映了互联网发展和大数据时代的特征，对于虚拟财产的规定，将为其他相关法律制度的制定以及新型案件的审理提供依据。从制度设计上如何使公众参与到该法条的制定、修改活动中？或者，怎样的程序设计才能体现和保证公众参与立法？在增加“保护虚拟财产”规定之前，立法机关应当公布修订相关法条的信息，同时应当将制定新法或修订旧法的理由公布于众，例如将原来的财产保护的相关法条公布出来同时分析为什么要专门增加保护虚拟财产的规定，为什么原有的保护财产规定不足以涵盖对虚拟财产的保护，为什么需要将虚拟财产保护做专门的议题和专门的法条。向公众说明是通过什么契机（例如列举相关的案件、司法执法部门在实践中发现的问题和意见、学术界的讨论、政府的政策导向、国际通行的做法等）展开的立法活动。可以通过人大官网以及各类媒体向公众发布信息，设置专门的意见反馈渠道，例如设置专门针对该条法律修改的网站、在人大网页上公布专门的讨论区、筹备召开公开的说明会等方式。然后，通过问卷、电话、访谈、互联网统计等方式收集公众的反馈信息。然后委托专门的机构和专家对公众反馈的信息进行分析，将典型意见以及总体的分析结果公布出来，附在之前设置的网站、讨论区或说明会记录之后。然后，召集公开的讨论会，选择典型意见的代表并欢迎其他普通民众参与到讨论会中陈述意见，为民众相互之间的交流以及民众与专家的交流提供平台。之后，针对有较大争议和矛盾的地方，专门召开听证会，听取各方意见。以上每阶段都设置“公告和评论”，既是对每一阶段的公众提供的信息和反馈的总结，也是对下一阶段选择相关公众代表参与正式审议程序提供依据。由于增加保护虚拟财产规定是民法总则草案讨论的内容，在民法总则草案进入立法机关的正式审议程序之前，应当根据之前的公众讨论基础挑选公众代表，或者将他们的意见给从属于相关社会阶层或者代表着相关

---

① 本部分网络文献和数据查找时间为2016—2017年。

利益团体的立法代表进行陈述。

这意味着对现在的立法程序有实质性的改革：它将立法准备工作公开，特别强调立法理由的说明和辩论过程，增加了公众参与到立法准备工作的环节，并且将立法准备工作中的公众参与和之后的正式审议程序结合，为后来的审议程序提供公众参与的依据。这将改变现在每年开人民代表大会时的问题，许多代表对众多议题的产生基础和未来效应没有相关背景知识、专业知识和准确预期，无法做出真正反映公众意愿又经过自己独立思考之后的判断。

根据笔者的前期研究，现在的立法程序虽然注重效率，但很难保证立法者对议题的深入思考和实质性的讨论。[①] 一般而言，对正式的立法审议程序进行程序上的更改是需要慎重论证和设计的，但是在正式审议程序之前增加立法准备程序中的公众参与因素，并且将立法前期准备的成果提供给正式审议程序，间接性地将公众参与纳入正式立法活动是可行的，而且能够帮助正式的立法机关代表理解法律草案的制定、修正的充分理由和公众的意见与期待，保证立法者进行更加深入和审慎的讨论、辩论、分析和投票。

除了宏观上在立法程序中（尤其是立法准备阶段）增加公众参与的因素，相比其他的法律部门而言，知识产权立法更需要将专业性、精英性的立法与公众参与联系起来。与其他法律部门相比较，知识产权法的独特性之一即是它的精英性，它针对的客体是智力成果、知识产品、创造活动、与创造相关的商业活动、商业秘密等，涉及的人群是知识精英，为什么这样的精英有关的法律仍需要公众参与？本章关于社群主义理论的分析说明，精英是存在于社群中的精英，而非如原子一般独自生存的个体，他们的知识对社会有依赖性，来源于社会然后反馈给社会，知识产品的创造活动从社群主义的理论看来并非基于个人私权之上的行为，而是属于社群生存发展的必要条件，创造知识产品的活动即使没有市场的激励也有种群生存的本能激励。因此，从社群主义的观点而言，知识产权并不是仅仅是一些人的事，而是所有人的事。法律使知识这种具有公共属性的产品商品化，法律通过私权保护的方式将知识产权的公共属性限定在

① 自 1983 年以来，我国人大常委会的代表每届在 3000 名左右，而每年人大常委会的会期是 15 天并包括 2 个休息日。因此，每个会期实际上有 13 个有效的工作日在讨论众多议题。总的计算下来，每次会期的工作时间大概是 6240 分钟，平均到每个会议代表即 2.08 分钟，其中包括全体会议讨论草案的时间。这样算来，每个会议代表实际上有总共 2 分钟时间讨论、分析、辩论和投票。这和其他国家的立法机关代表的工作时间比起来是较短的。参看 Peng He，Chinese Lawmaking：From Non-communicative to Communicative，Springer，2014，p.37 ～ 38.

一定范围内，这是现阶段公共政策的倾向，也符合现阶段社会发展的要求。然而，并不能因此就忘记或忽视了将公众纳入具有精英性质的法律的创制、修改和废止的讨论中。因为精英是公众中的精英。公众参与并非是将立法活动庸俗化，而是还原其本质，让社会各阶层之间产生良性的交流和互动。公众有序参与知识产权相关立法，是基于知识产品和知识产权的公共属性，是立法的民主、公正、程序正义的要求和体现，是促进全社会更好地分享和使用知识产品的有效路径，最终的目的是增进整个社群的福祉。

第五节　司法促进参与式立法

除了前几节指出的对立法程序做实质性改革，即在立法准备阶段增加公众参与的内容，拓宽公众参与的方式之外，另一种有效增加公众参与的机制是司法、行政机关在适用知识产权相关立法的过程中，将司法和行政实务部门的工作人员以及普通大众在司法和执法活动中对法律的期待和诉求，通过合理解释立法者意图的方式，与正式的法律条文一起共同塑造知识产权法体系。这意味着形成“法的开放式结构”。

法的开放性结构（the open texture of law）是英国分析法学派代表人物H.L.A哈特在《法律的概念》一书中提出的重要命题。哈特在该书中指出，无论是立法还是先例都最终依托于语言，而由于语言（尤其是日常语言）不可避免地具有弹性，对同一概念在不同的情境中可以产生不同的理解。法律所规定的行为标准也不可避免地存在适用上的弹性，这就是哈特的“法的开放性结构”的含义，也是论证法律解释的必要性和合理性的方式之一。法的开放性结构意味着在立法之后，法庭和行政机关在具体案例中针对不同情境里相竞争的利益进行权衡，使用语言的弹性对法律进行解释，英国的法庭将“法律解释”和“先例解释”称为“发现立法者的意图”或者“找到本来就存在的法规”的过程。（哈特所批判的）法律形式主义或者概念主义主张法律规范的严格解释，亦即在每一个案件中都对相关概念使用同一的解释。法律形式主义或概念主义坚持的是法的确定性和可预测性，但将难以处理疑难案件。为解决处理疑难案件的难题，哈特提出法的开放性结构的命题，关注的是如何将较严格的规则或较宽泛的标准（standard）恰当地适用到具体案例，如何在法律的确定性和合理适用之间保持平衡，司法解释和立法语言之间是怎样共同合作解决复杂的社会问题。

我国近年的案例指导制度的构建体现了我国司法改革的以审判为中心的内容，是对英美判例制度的借鉴，也是法的开放性结构在法律适用过程中的一种体现。党的十八届四中全会的决定提出了加强和规范司法解释和案例指导制度，统一法律适用的标准，2010 年底最高人民法院发布《关于案例指导工作的规定》，2011 年底最高人民法院发布第一批指导性案例，标志着我国案例指导制度的确立。[①] 我国的案例指导制度是以制定法为主，案例指导为辅，可以被待决案件援引、直接成为待决案件判决书中裁判理由部分的案例。[②] 实务部门的研究者认为指导性案例的裁判要点所列举的内容才是指导全国法院审理类似案件时的参照。[③] 也有学者指出，指导性案例在结构上分为裁判要点，相关法条，基本案情，裁判结果和裁判理由这五个部分，其中的裁判要点是指导性案例创制的司法规则。[④] 在规则缺失、意义不明或者规则之间互相冲突的情况下，法官在裁判待决案件时通过参照指导性案例，再次明确判决所依据的规则的含义，这也就是一种遵循在先案例的情况下，对法的开放性结构的确认。

知识产权法的开放式结构可以从对知识产权案例指导制度的研究中发现。知识产权案例指导制度并不是对知识产权法定主义的否定，而是补充。案例指导制度实际上是为法官的自由裁判权确立边界，让法官受到制定法和在先案例的双重约束，不得随意解释和实质性造法。由于知识产权法和其他部门法同样存在着大量的概括性条款和兜底条款，司法解释和指导性案例对规则的缺失、不足、模糊、冲突等情况导致的法律适用问题提供成本较（重新立法）小的方案，有利于法的可接受性。实践操作知识产权案件的法官认为，从实质上看，可救济、

---

① 在确定“指导性案例”“案例指导制度”等名称前，最高人民法院借鉴了河南省郑州市中原区人民法院的“先例判决制度”、天津市高级人民法院的“判例指导制度”、四川省成都市中级人民法院等“示范性案例制度”等名称和内容。参见刘作翔：《中国案例指导制度的最新进展及其问题》，《东方法学》2015 年第 3 期。

② 应注意的是在我国司法解释和指导性案例都不是正式的法律渊源，不得成为直接的判决依据，只能作为判决书中的“理由”和“论证”部分进行援引。

③ 参看陈兴良、张军、胡云腾：《人民法院刑事指导案例裁判要旨通纂》，北京大学出版社 2013 年版，第 11 页。

④ 参看陈兴良、张军、胡云腾：《人民法院刑事指导案例裁判要旨通纂》，北京大学出版社 2013 年版，第 16 页。

可执行的具体知识产权来自于司法对立法的推动，而不是相反，这是司法先导的现实。[①] 尤其是知识产权法领域涉及的是科技进步相关的社会问题和纠纷，有时候法官面临的是非对错并非简单的价值选择，正义与非正义在知识产权法领域有时候并不存在泾渭分明的界限，法官往往面临在同样正义的不同价值之间作出选择，比如在微信商标行政案中，法官的选择涉及对少数人在先权利和一部分人（数量较多）的共同利益之间进行价值衡量，对司法裁判的实质影响（包括社会和经济等方面）进行权衡和预判。[②] 通过参照指导性案例以及在先的典型案例，法官可以跳出个案，从宏观上考虑社会整体利益、历史发展趋势、产业政策重点等方面的内容，作出适当的裁判。

知识产权案例指导研究是司法改革的试验田和先行点。[③] 从 2006 年开始，最高人民法院要求所有知识产权裁判文书都通过网络上传。[④] 自 2008 年起最高人民法院开始评选并公布知识产权司法保护十大案件，全国知识产权十大侵权案例，从 2009 年开始每年发布《中国法院知识产权司法保护状况》，在十大案件（包括十大知识产权案件、十大创新性知识产权案件等）之外同时公布五十个典型案例。[⑤]2015 年春，最高人民法院在北京知识产权法院建立了知识产权指导案例研究（北京）基地，这是全国首家司法案例指导研究基地。[⑥] 北京知识产权法院提出了建立庭审实质化和类案同判的刚性约束机制作为案例指导制度建设的切入点，制定了《诉审判一致性审判规范》以及《指导案例遵循与参照程序指南》，构建以法官团队为核心的审判单位，建立主审法官办案责任制，创设法官专业会议制度，推动审判委员会制度的改革，保障当事人诉权的同时防

① 参看杨静：《知识产权案例指导制度的障碍与克服——北京知识产权法院庭审实质化实证研究》，《法律适用》2016 年第 10 期。

② 微信商标行政案，北京知识产权法院〔2014〕京知行初字第 67 号行政判决书。

③ 在知识产权案例指导制度创建之前，应当关注分析《最高人民法院公报》所公布的知识产权案例、《最高人民法院知识产权案件年度报告》、最高人民法院内设机构选编的案例以及最高人民法院每年公布的知识产权司法保护十大案件。参见邓志伟、张平、陈梦群：《我国知识产权“十大案件”制度设计与实践——以功能偏差与价值回归为中心》，《全国法院系统第二十四届学术讨论会会议论文》2012 年第 12 期。有学者初步统计了从 1985 年到 2014 年《公报》编刊的知识产权案例 166 件。参见金海军：《我国知识产权经典案例统计分析——以〈最高人民法院公报〉（1985—2014）为据》，《知识产权》2015 年第 6 期。

④ 具体可于中国知识产权裁判文书网查询，http：//ipr.court.gov.cn。

⑤ 参看张先明：《最高人民法院公布 2011 年知产司法保护十大案件和五十个典型案例》，《人民法院报》2012 年 4 月 18 日第 001 版。另参见金海军：《我国知识产权经典案例统计分析——以〈最高人民法院公报〉（1985—2014）为据》，《知识产权》2015 年第 6 期。

⑥ 北京知识产权法院课题组：《关于审判权运行机制改革的思考与探索——以北京知识产权法院为分析样本》，《法律适用》2015 年第 10 期。

止当事人滥用诉权。

无论是案例指导制度建立之前的《公报》案件，年度十大案件，还是之后的指导性案件，最高人民法院的目的都是推动法律的统一适用，实现类案同判，这类筛选并公示出来的案例首先所针对的对象是法官这个司法职业共同体，它推进法官司法行为的专业化和一定程度上的程式化，并有利于法官跳出自己的生活领域，在解决眼前纠纷的同时，培养法官全局性以及面向未来的司法思维。公开典型示范案例的另一个正面效益是，除了法官以外的社会大众，尤其是案件当事人、利益相关人可以阅读最高人民法院公布的这些示范性、指导性的案例，并且，在诉讼活动中，当事人可以提请法官参照指导性案件进行裁判，而法官必须对当事人所依据的指导性案例是否适用于待决案件进行说理，如果经过比对，待决案件和指导性案件确实存在类似，那么就应当参照指导性案件中的裁判理由进行说理并进行类似的裁判。法官和当事人在诉讼活动中依据指导性案件进行说理或说服的活动，实际上是一种通过诉讼活动进行法解释的活动。也就是在这一过程中，法官、当事人的意愿和意志与立法者的意图之间产生关联，立法和司法活动以及普通人的生活产生实质性的交流与互动，法官和当事人参与了现实中的法的识别甚至是创造，而这种“现实中的法”又是和立法者之前创造的“文本的法”相互呼应而非截然对立或者不相关照的。在这一过程中，案件当事人、利益相关人以及法官都参与到了法的识别、确认或者续造活动，也可以说属于广义上的协商立法行为。

一、从《最高人民法院公报》知识产权案例到指导性案例

《最高人民法院公报》（以下简称《公报》）案例栏目从 1987 年第 4 期第一次刊登知识产权案例以来，对各类知识产权民事纠纷（如著作权、专利、商标权属及侵权纠纷、反不正当竞争纠纷等）以及个别知识产权刑事和行政案件，作出了指导。在创刊至今的 40 年时间里，《公报》案例以知识产权为案由的案例超过 200 件，其中最多的是关于知识产权权属、侵权纠纷的案件，约占《公报》知识产权案件的一半以上，有关垄断纠纷的案例数量最少，有关知识产权

与竞争纠纷的案例数量居中。[①] 另有学者将《公报》案例分为新类型案件、有重大影响的案件、正确适用法律的案件、疑难案件和创造司法规则的案件等类型，并做出统计发现公报知识产权案件中最常见的是正确适用法律的案件，其次是新类型案件和创设司法规则的案件，而有重大影响的案件和疑难案件数量较小。[②]《公报》案例的特点并不鲜明，使得案例并非因典型而上《公报》，而是因为上《公报》而典型。《公报》案例的学术意义上的典型性虽然受到质疑，但是无可否认的是由于经过最高人民法院审判委员会讨论或者最高人民法院领导审定，《公报》案例具有权威性，从《公报》创刊开始就成为各级法院所参照的重要的指导性文献。有学者分析了 1985—2014 年的《公报》知识产权案例，从其分析数据显示《公报》案例中著作权、专利、商标、反不正当竞争的案件数量大体相当（39 ～ 44 件），技术合同案件则只有以上各类型案件的四分之一（10 件），最少的是植物新品种权案件（3 件）。[③] 另外，从宏观上看，最高法院以及地方法院对于知识产权案件日益重视，体现在《公报》案例的数量自 2010 年之后稳定增长。[④] 值得注意的是，《公报》案例中专利和商标的案件数量均衡，但在审判实务中，商标案件数量大并且增长很快，专利案件数量少并且增长率不高，也就是说《公报》案例的类型和数量分布并不是严格针对审判实务的现实来确定典型性，而是同时参考了案件的新颖性和审理的复杂、难易程度等因素。虽然专利案件在实际案件中不算多（例如与商标案例数量相比），但专利案件的处理难度较其他类型案件困难，因此更可能被选为经典案例作为参考和指导。《公报》案例也体现出司法机关对于疑难案件中适用法律的不确定的解释：例如对于近年来出现在《公报》案例中的专利无效案例，有些案件在程序上经历了专利复审委员会宣告无效，到北京一中院一审、北京高院二审、最高法院再审这一系列程序。依审级，法院对于无效裁决的支持率不断降低，从中可见最高法以及高法在法律解释和适

---

① 笔者于 2017 年 3 月 7 日检索北大法宝，在《公报》案例项以“知识产权”为关键词获得 214 条结果，其中知识产权合同纠纷 16 件，知识产权权属、侵权纠纷 137 件，不正当竞争纠纷 18 件，垄断纠纷 2 件，其他知识产权与竞争纠纷 59 件。

② 参看袁秀挺：《我国案例指导制度的实践运作及其评析——以最高人民法院公报中的知识产权案例为对象》，《法商研究》2009 年第 2 期。应值得注意的是该文的统计数据截至 2009 年。

③ 参看金海军：《我国知识产权经典案例统计分析——以〈最高人民法院公报〉(1985—2014)为据》，《知识产权》2015 年第 6 期。

④ 虽然《公报》知识产权案件数量增加也可能有技术层面的解释，即 1999 年《公报》本身进行改版，从季刊改为月刊。但另一方面，从国家知识产权局历年发布的《中国知识产权保护状况》白皮书和最高人民法院的《中国法院知识产权保护状况》白皮书等资料显示，知识产权案件本身数量持续增加是客观事实，尤其是民事一审案件。有关历年《中国知识产权保护状况》白皮书，见 http：//www.nipso.cn/bai.asp。有关 2015 年《中国法院知识产权保护状况》，见 http：//tm.ipchina.com/law/cn/2016/04/16970.shtml。

用问题上与一审法院和专利复审委员会的分歧。其他有关专利、商标、著作权和反不正当竞争等再审案件中，《公报》案例也体现出最高人民法院全部推翻地方两级法院裁判结果的案件数量明显多于支持两级法院裁判结果的案件数量。①

除了《公报》案例之外，最高人民法院从各省高院呈报的案件以及本院知识产权庭审理的案件中筛选出典型案件予以发布，逐渐形成了发布年度典型案件的传统。②2008 年起最高人民法院开始每年公布知识产权司法保护十大案件，并明确表示发布典型案件的主要目的在于指导各级法院的法律适用，统一司法的裁判规则。一开始倾向于指导法律适用和宣传示范引导地方各级法院的裁判工作，后来明确提出了典型案例的示范引导作用以及进一步明确新型、复杂、疑难案件的裁判规则。③ 对 2008 年至今的年度十大案件的统计分析可见，典型案件中的民事案件数量最多，行政案件和刑事案件的数量都很少（只有民事案件的六分之一到五分之一），而刑事案件最少。民事案件中商标案件最多，约为案件总量的三分之一，其次是专利案件，著作权和不正当竞争案件在历年的十大案例中数量较少。但是十大案例中用以指导法律适用的案件并不多，并且在实践操作中下级法院的疑难复杂案件并未反映在对最高法院的案件呈报上。有学者调查分析指出是因为十大案件的遴选机制指标化倾向，法院内部案例报送考核的是数量而非质量，导致下级法院为了完成考核，并且为了减少给工作带来的麻烦，倾向于选择报送案情简单、程序瑕疵较少的案件给上级法院，致使越简单越没有问题的案件越有可能成为十大案件，而真正的疑难复杂案件却难以上报到最高人民法院。④ 最终的十大案件并没有很好地完成典型案例的示范引导作用以及指导价值，仅承担了法制宣传的任务。十大案件在筛选、发布以及后续指导疑难典型案件的效果上并不明显。

我国的指导性案例从 2010 年开始出现，到 2013 年 11 月公布第 20 号指导

---

① 参看金海军:《我国知识产权经典案例统计分析——以〈最高人民法院公报〉(1985—2014)为据》,《知识产权》2015 年第 6 期。

② 源于 1997 年。参看邓志伟、张平、陈梦群:《我国知识产权“十大案件”制度设计与实践——以功能偏差与价值回归为中心》,建设公平正义社会与刑事法律适用问题研究——全国法院第 24 届学术讨论会获奖论文集（上册）2012 年版，第 496 页。

③ 最高人民法院办公厅《关于印发 2011 年中国法院知识产权司法保护 10 大案件和 50 件典型案例的通知》，人民知识产权审判网，http：//zscq.court.gov.cn/bhcg/201304/t20130407_183078.html。

④ 参看邓志伟、张平、陈梦群：《我国知识产权“十大案件”制度设计与实践——以功能偏差与价值回归为中心》，建设公平正义社会与刑事法律适用问题研究——全国法院第 24 届学术讨论会获奖论文集（上册）2012 年版，第 502 页。

性案例，才首次出现知识产权指导性案例。① 至 2017 年共发布了 20 件知识产权指导性案例。②

表 5-1　知识产权指导性案例类别分析（2013—2017）

案由	著作权	商标权	发明专利	外观设计	实用新型	植物新品种	不正当竞争	反垄断（捆绑交易、滥用市场支配地位）
指导性案例	81 80 49 48	87 82 58 46 30	84 83 20	85	55	86	（58） 47 （46） 45 （30） 29	79 78
数量	4	5	3	1	1	1	6	2

其中，有关著作权的指导性案例 4 件，商标权 5 件（其中第 87 号指导性案例同时属于刑事案件），发明专利 3 件，外观设计和实用新型各 1 件，植物新品种 1 件，不正当竞争 6 件，反垄断 2 件（包括捆绑交易、滥用市场地位）。需要说明的是，同时属于商标和不正当竞争的指导性案例有 4 件。从数量上看，涉及不正当竞争的指导性案例最多、其次是涉及著作权和商标权的案例。

从指导性案例做出的机构分析，最高人民法院 7 件，天津、山东、江苏和浙江等地的高级人民法院各 2 件，上海市高法 1 件，贵州省贵阳市中级人民法院 1 件，江苏省宿迁市中级人民法院 1 件。从案由上看，最高人民法院做出的裁判案例涉及范围最广，包括不正当竞争、著作权、发明专利、实用新型四种类型，但不包括商标权、外观设计和植物新品种这几类型的案例，其他法院均只涉及一至两种类型。

表 5-2　做出知识产权指导性案例的裁判机构分析（2013—2017）

做出指导性裁判的机构	指导性案例	案由涉及
最高人民法院	20、47、55、78、79、81、84	不正当竞争和反垄断（3 件），著作权（1 件），发明专利（2 件），实用新型（1 件）

① 即最高人民法院 /（2011）民提字第 259 号 /2011.12.20，深圳市斯瑞曼精细化工有限公司诉深圳市坑梓自来水有限公司、深圳市康泰蓝水处理设备有限公司侵害发明专利权纠纷案。

② 统计数据截至 2017 年 3 月 13 日。

续表

做出指导性裁判的机构	指导性案例	案由涉及
天津（高法）	29、30	不正当竞争
山东（高法）	45、46	不正当竞争、商标权
上海（高法）	48	著作权
江苏（高法）	49、86	著作权、植物新品种
重庆（高法）	58	不正当竞争（商标）
贵阳（中法）	80	著作权
浙江（高法）	83、85	发明专利、外观设计
宿迁（中法）	87	商标（刑事：假冒注册商标罪）

从地理位置分布来看，现有的知识产权指导性案例生成的区域大多集中在我国东部地区，以北京、天津和山东为代表的北方法院，以上海、江苏和浙江为代表的南方法院，以及以重庆、贵阳为代表的中部法院。现有的知识产权指导性案例的生成区域并不包括广阔的西部地区、（北京以上更）北部、南部（尤其是沿海经济发达地区）和（以武汉、郑州、西安、长沙等地为中心点辐射的）中部地区。一个解释是2010年至今，案例指导制度仍处于初步探索阶段，地方法院对于案件的筛选和推送以及最高人民法院对于指导性案例的筛选和发布都需要时间。另外，北京法院受理的知识产权案件数量远远超过其他法院，上海、江苏法院的知识产权审判能力处于领先水平，这可以从侧面解释指导性案件的产生地。但从2014年开始，北京、上海、广东均设立了知识产权法院，并且广东地区经济发达，知识产权指导性案例却至今未出现产生于广东地区法院的裁判，是较为奇怪的现象。

从发布时间上看，近年来知识产权指导性案例上升明显，2015年发布的两批指导性案例中知识产权类有六例，占2015年发布指导性案例的50%，而2017年3月发布的第16批10件指导性案例则全部涉及知识产权。[①] 知识产权类指导性案例总数超过发布的全部指导性案例总数的五分之一。知识产权指导

① 其中九例民事案例主要涉及著作权侵权纠纷、商标权侵权纠纷、专利权侵权纠纷、植物新品种权侵权纠纷、反垄断领域中的捆绑交易纠纷、滥用市场支配地位纠纷等。一例刑事指导性案例涉及假冒商标犯罪。这批案例专业性强、类型多、领域新，涉及互联网领域中反垄断、反不正当竞争等新型疑难复杂案件。《最高法院通报第16批指导性案例，全部涉及知识产权》，中国法院网，http：//www.chinacourt.org/article/detail/2017/03/id/2575036.shtml，2017年3月13日访问。

性案例分布于最高人民法院发布的第 5、7、10、11、12、16 批指导性案例中，从发布的批次可见，在近年来数量上升趋势明显，重要性日益显著。

另外，从类型上看，如果将指导性案例的类型分为准立法型（或者规则创制型、造法型）、释法型（或者法律适用型、事实认定型）和宣传型（或者工作指导型）[①]，那么经过分析可见我国目前的知识产权指导性案例主要是第二类，即释法型（或者法律适用型、事实认定型），较少关于准立法型（或者规则创制型、造法型），单纯为宣传目的案例也较少（但每一个指导性案例都有宣传的功能），具体见表 5-3。

表 5-3　知识产权指导性案例的功能类型分析（2013—2017）

发布时间	批次	案例号	案例要点	案例的功能类型
2013 年 11 月	5	20	发明专利： 关于相关立法宗旨的解释；对专利授权后，“临时保护期”“先用权”等的解释	准立法型 释法型
2014 年 6 月	7	29	不正当竞争： 对于实际商号作用的解释，“企业名称”的解释	释法型
2014 年 6 月	7	30	商标权 / 不正当竞争： 关于竞争关系，反不正当竞争案件中的民事权利等的解释	法律适用型
2015 年 4 月	10	45	不正当竞争： 对于《反不正当竞争法》第二章第五到十五条列举式的规定的解释，如何认定“经营者”“不正当竞争行为”，“弹出广告”的法律认定等	法律适用型
2015 年 4 月	10	46	商标 / 不正当竞争： 关于商品通用名的解释	释法型
2015 年 4 月	10	47	不正当竞争： 关于在先知名商品（国际 / 国内）的事实认定	法律适用型
2015 年 4 月	10	48	计算机软件著作权： 保护“技术措施”的事实认定，Eng 文件是否属于计算机软件保护范围的法律认定	法律适用型

① 关于案例类型分类，参看陈兴良：《案例指导制度的规范考察》，《法学评论》2012 年第 3 期。王利明：《我国案例指导制度若干问题研究》，《法学》2012 年第 1 期。资琳：《指导性案例同质化处理的困境及突破》，《法学》2017 年第 1 期。本书综合以上几篇论文的分类标准，对指导性案例进行分类。

续表

发布时间	批次	案例号	案例要点	案例的功能类型
2015 年 4 月	10	49	计算机软件保护： 关于举证责任分配、侵权责任的分配	裁判规则（程序性指导，与知识产权法律和事实认定均无关）
2015 年 11 月	11	55	实用新型： 关于“权利要求保护范围”的解释（何谓“清晰”“不清晰”）	法律适用型
2016 年 5 月	12	58	商标权 / 不正当竞争： 关于“老字号”商标权的认定和适用	法律适用型
2017 年 3 月	16	78	反垄断（滥用市场支配地位、捆绑销售、限制交易）： 如何界定相关市场分析	法律适用型
2017 年 3 月	16	79	反垄断（捆绑交易）： 对反垄断法中的“搭售”的解释	释法型
2017 年 3 月	16	80	著作权： 对“民间文学艺术衍生作品的表达”是否是作品的解释	准立法型 释法型
2017 年 3 月	16	81	著作权： 对“思想范畴”的具体适用	释法型
2017 年 3 月	16	82	商标权： 对“权利滥用”的解释和具体适用	释法型 法律适用型
2017 年 3 月	16	83	发明专利： “必要措施”“包括但不限于”的解释	释法型
2017 年 3 月	16	84	发明专利： 证明责任的分配标准，对药品“实际”制备工艺的解释	裁判规则（程序性指导） 法律适用型
2017 年 3 月	16	85	外观设计： 对举证责任的解释	裁判规则（程序性指导）
2017 年 3 月	16	86	植物新品种： 对“互相授权许可”的规定	准立法型
2017 年 3 月	16	87	商标权： 假冒注册商标罪	裁判规则（程序性指导）

从上表可以看到，现有的知识产权指导性案例中具有准立法特点的较少，比较明显的准立法型案例是第 20、80、86 号指导性案例，并且第 86 号案例在准立法功能上显得更纯粹一些，而 20、80 号案例也可以被划归为释法型。[①] 其

① 有学者将指导性案例第 29、45、48、49 号以及 58 号归类为造法型，即通过解释法律条文事实上创造规则，但本书认为它们更适宜于放入释法型或法律适用型，以区别于更纯粹地从没有规则到创设规则的造法型或准立法型案例，如第 20 号案例。

余大部分案例（14 个案例）为释法或法律适用型案例。释法型和法律适用型有时候难以精确区分，例如第 82 号案例。而其他在本文标为释法型或法律适用型的案例，在广义解释下可以归为一类。本书的区分旨在将案例的功能更侧重于解释立法意图或法律文本还是更侧重于指导具体案例之间做出区分。值得注意的是，经过研读案件的裁判要点、基本案情和裁判理由，本书认为有些案例不纯粹属于知识产权指导案例，而更适合认定为裁判规则案例，即第 49、84、85、87 号案例。这几个案例都是关于证明责任分配的标准、举证责任规则、证据认定规则的解释，与知识产权的法律和事实认定均无紧密的关系，而属于裁判规则或者说程序性的指导规则。

如果根据最高人民法院 2010 年颁布的《关于案例指导工作的规定》第 2 条的规定，即将案件类型划分为（一）社会广泛关注的；（二）法律规定比较原则的；（三）具有典型性的；（四）疑难复杂或者新类型的；（五）其他具有指导作用的案例，那么目前的知识产权指导性案例中多数属于第二类“法律规定比较原则的”，代表性案例如第 45 号，对反不正当竞争法第二章第五到十五条列举式规定的解释。其次是第三类“典型性”案例和第五类“其他指导作用”的案例，例如第 58 号案例对“老字号”商标权的认定，第 79 号案例对“搭售”在反垄断法意义中的解释，第 80 号案例对“民间文学艺术衍生作品的表达”是否是作品的解释。再次是第（四）类中的“新类型”案例，如第 86 号案例中对于植物新品种案例关于“互相授权许可”的规定，以及第 78 号案例中关于如何界定“相关市场”的分析。第一类“社会广泛关注”的案例在知识产权指导性案例中也有所体现，如第 78 号案例关于受到大众关注的奇虎和腾讯公司关于滥用市场支配地位的诉讼。相比较而言，第四类“疑难复杂”的案例在目前知识产权指导性案例中并未体现。

另外，法院对知识产权指导性案例的后续援引从现有的资料看并未体现。从不限于知识产权指导性案例的总体援引和应用上看，判决书中法官主动提及援引的案例较少，不到现有分析数据的 8%。[①] 具体以最早公布的知识产权指导性案例第 20 号为例，笔者于 2017 年 3 月 21 日以“发明专利”为关键词搜索

---

① 参看资琳：《指导性案例同质化处理的困境及突破》，《法学》2017 年第 1 期。该文作者以“指导性案例”和“指导案例”为关键词搜索中国裁判文书网从 2011 年 12 月 20 日到 2016 年 8 月 5 日代判决书共计 1094 篇，统计出涉及法官主动援引的仅有 81 篇。

中国裁判文书网可获得超过 3600 条文书结果，加上关键词“临时保护期”筛选后获得 47 条结果，其中在 2013 年 11 月（也就是指导性案例第 20 号公布日期）之后的有 29 条，并且有重复性案例（如段育红案经历一审、二审等程序，出现多个裁判文书版本）。对这 29 条结果逐一阅读后，没有一件案例援引了指导性案例 20 号。笔者以“指导性案例”空格加“29”搜索北大法宝“司法案例”库“正文”部分, 试图查找关于指导性案例 29 号的案例援引情况, 获得 282 条记录，其中判决书 254 条，案由为“知识产权”的有 18 条，而在以上结果中以“不正当竞争”进行全文搜索仅得到 1 篇，且为与指导性案例 29 号同期发布的指导性案例 30 号，同时对这 18 条案例的裁判要点或关键词（不正当竞争）“命中”部分进行核查，从以上检索中也未见对指导性案例 29 号的后续援引。[①] 同样的方法比对指导性案例 30、45、47、48、49、55、58、78、79、80、81、82、83、84、85、86、87 号，仅从时间上就未发现 2014 年之后（即大部分指导性案例发布时间之后）的援引案例，这部分是因为知识产权指导性案例版本时间较其他案件晚，后续法院考虑援引和适用的时间周期还未到，部分是因为现在确定为知识产权指导性案例的案件争议性较小，法院无须援引即可正确判断，从一个侧面说明现在的案件“普遍指导”功能未完全体现。[②]

另外，除了法院不主动援引指导性案件之外，从现有的检索结果看，法院对诉讼当事人提请援引的指导性案件也不做正面回应。例如值得注意的是，经检索发现，被后续案例提到的唯一一个知识产权指导性案例是第 46 号，即 2016 年《泸州老窖股份有限公司与四川泸州泸川酒厂、四川丰坛酒业有限公司、武汉金中经济发展有限公司侵害商标权纠纷案》，在该案中，被告为支持其抗辩主张，在提交证据部分申请援引指导性案例第 46 号，但法院认为不属于证据不予采信, 并且在裁判理由部分也并未提及指导性案例第 46 号是否适用于本案。[③] 虽然指导性案例的确不适宜在证据部分提交，该案的法官的确可以不对是否援引指导性案例进行回应，但实际上我国的案例指导制度并未明确规定诉讼当事人应当如何援引指导性案例：在 2010 年《最高人民法院关于案例指导工作的规

---

① 最近检索和比对时间为 2017 年 3 月 27 日。

② 最高人民法院在 2015 年《关于案例指导工作规定实施细则》中对之前的《案例指导工作规定》第二条的“指导性”做出了更进一步的解释：对审理类似案件具有普遍指导意义的案例，突出了“普遍指导意义”这一功能，而之前的规定第二条只是在其他具有指导作用的案例上凸显了“指导作用”。

③ 见四川省泸州市中级人民法院 /（2016）川 05 民初 1 号。

定》中没有规定，而在2015年的《实施细则》第十一条第二款虽然添加了公诉机关、案件当事人及其辩护人、诉讼代理人引述指导性案例作为控（诉）辩理由的，案件承办人员应当在裁判理由中回应是否参照了该指导性案例并说明理由的规定，但引述指导性案例作为控（诉）辩理由的应当在（起诉状、答辩状）哪一部分提请人民法院参考指导性案例，提请的格式如何，案件承办人员应当回应但如果没有回应又应当怎么办等问题上均没有说明。笔者认为，在案例指导制度建立的起步阶段，如果当事人主动比对和申请援引指导性案例，即便在文书形式上存在瑕疵（例如本案将指导性案例作为证据提出），法官也应当在判决理由部分主动进行回应，以体现通过司法判决定纷止争的功能。建立案例指导制度，如果没有法院进行后续援引，就成为形式上的指导而非真正的指导，而未体现最高人民法院引导司法体制改革的初衷。换句话说，案例指导制度的重心应当是建立、督促和保证各级法院对指导性案例的后续援引制度。而从目前的知识产权指导性案例的援引情况看来，对案例指导制度的建设仍然任重道远。

2015年，全国首家司法案例指导研究基地——最高人民法院知识产权案例指导研究（北京）基地在北京知识产权法院成立。在探索知识产权案例指导制度上，北京知识产权法院强调指导案例事实上的约束力，提出重视先例，以法律为主，案例为辅的原则，设想将案例指导意识融入法官审判实务中，允许律师在庭审时引用在先判决，要求法官在判决书中引用和阐释先例，并建立指导案例数据库系统，从多项改革中贯彻审判为中心的指导思想。[①] 从《公报》案例，到十大案例，到指导性案例制度的建立，法院系统内部逐渐形成较为统一的立法解释标准和类案同判的机制。以审判为中心，就是将判决活动的重心从对立法的僵硬解释转移到对当事人具体诉求进行合法说理。社会公众尤其是案件当事人、利益相关人可以阅读这些示范性的指导性案例，对案件结果形成自身的合理预判，节省司法资源。另外，当事人可以要求法官参照指导性案例进行裁判，而法官必须对该指导性案例是否适用待决案件进行说理。这一过程，实际上是当事人和法官共同创造判决书的说理部分内容，而指导性案例则成为说理的依据，相当于通过对指导性案例的援引与否的解释进行立法解释。而与以往仅有法官进行立法解释不同，法官和当事人在诉讼活动中依据指导性案件进行

① 北京知识产权法院课题组：《关于审判权运行机制改革的思考与探索——以北京知识产权法院为分析样本》，《法律适用》2015年第10期。

说理或说服的活动，实际上是一种通过诉讼活动进行立法解释的活动。也就是在这一过程中，法官以及当事人的意愿（wish）和意志（will）与立法者的意图（intention）之间产生关联，立法和司法活动和普通人的生活产生实质性的交流与互动。法官和当事人共同参与了现实中的法的识别甚至是创造，而这种现实中的法又是和立法者之前创造的文本的法相互呼应而非截然对立或者不相关照的。在这一过程中，案件当事人、利益相关人以及法官都参与到了法的识别、确认或者续造活动，也可以说属于广义上的协商立法行为。

二、促进知识产权立法的典型案例

2017 年 8 月 16 日最高人民法院关于王老吉与加多宝红罐凉茶包装装潢纠纷案的最终判决中，针对该案的争议焦点“包装装潢权益归属”问题，结合商品的历史发展过程、诉讼原被告历史上的合作背景、消费者的认知及公平原则等因素，认为原被告双方均对涉案包装装潢权益的形成、发展和商誉建树发挥了积极的作用，为避免将涉案包装装潢权益完全判归一方所有导致显失公平的结果，以及避免损及社会公众利益的局面，将涉案包装装潢权判给广药集团与加多宝公司共同享有。[①] 该判决的标志性意义在于强调从商标和包装装潢权益产生的过程来确立权利人，通过商标和包装装潢的根本目的（指示对象为特定生产者、贡献人）来确定权利所有者，通过该判决来解决立法上并未并完全明晰的内容。在宣布判决的同一天，最高人民法院还发布了《最高人民法院关于为改善营商环境提供司法保障的若干意见》。[②] 该规定第一条就指出要依法平等保护各类市场主体，全面贯彻平等保护不同所有制主体、不同地区市场主体、不同行业利益主体的工作要求，坚持各类市场主体法律地位平等、权利保护平等和发展机会平等的原则，推动形成平等有序、充满活力的法治化营商环境。[③] 同日判决该案的典型意义在于落实《最高人民法院关于依法平等保护非公有制经

---

① 关于“红罐案”案情简介见人民法院新闻传媒总社：《最高人民法院公开宣判王老吉与加多宝红罐凉茶包装装潢纠纷案》，http：//www.court.gov.cn/zixun-xiangqing-56152.html？ from=timeline&isappinstalled=0，最后访问时间 2018 年 9 月 6 日。

② 法发〔2017〕23 号，http：//www.court.gov.cn/fabu-xiangqing-56132.html，最后访问时间 2018 年 9 月 6 日。

③ 涉案主体广药是国企，加多宝是港资背景。

济促进非公有制经济健康发展的意见》，为非公有制经济健康发展提供良好的司法环境。[①] 最高法除了通过该知识产权案例完成战略上（宏观政治、经济上）的指导，还特别在该文第八条提出要对立法产生影响：适时提出立法、修法建议和制定、修订司法解释，为外商投资提供良好的法制保障。清理涉及外商投资的司法解释及政策文件，对于已与国家对外开放基本政策、原则不符的司法解释及政策文件，及时修订或废止。对于需要通过制定相关法律法规予以解决的问题，及时提出立法、修法建议；对于需要出台司法解释解决的问题，及时出台司法解释。因为该案对立法的重要意义，该案也入选为 2017 年推动法治进程的十大案例之一。[②]

2011 年在广东省高院一审，2013 年最高人民法院终审判决的“北京奇虎科技有限公司、奇智软件（北京）有限公司与腾讯科技（深圳）有限公司、深圳市腾讯计算机系统有限公司不正当竞争纠纷案”（即始于 2010 年的中国两大互联网公司奇虎 360 与腾讯公司之间的纠纷，被互联网业界称为“3Q 大战”），被称为互联网反不正当竞争第一案，最高人民法院审理的首例互联网反不正当竞争案，迄今为止互联网行业诉讼标的额最大、在全国有重大影响的互联网纠纷案件。[③] 该案的一审判决书中，根据《中华人民共和国反不正当竞争法》第二条、第十四条规定，结合案件事实，广东高院判决被告的行为违背诚信原则和公认的商业道德，构成对原告的商业诋毁。[④] 奇虎公司在上诉状中特别针对这两条法律适用问题诉称一审判决适用法律错误，对法条错误地扩大解释。[⑤] 例如上诉人认为广东高院一审判决适用法律错误是因为在解释反不正当竞争法第二条的诚

① 法发〔2017〕23 号，http：//www.court.gov.cn/fabu-xiangqing-56132.html，最后访问时间 2018 年 9 月 6 日。

② 央广网 2018 年 2 月 1 日报道，http：//www.cnr.cn/sd/ts/20180201/t20180201_524121104.shtml，最后访问时间 2018 年 9 月 6 日。

③ 有关 3Q 大战的简介和意义，参看新华网系列报道，http：//www.xinhuanet.com/tech/special/zt35.htm，最后访问时间 2018 年 9 月 7 日。

④ 北京奇虎科技有限公司、奇智软件（北京）有限公司与腾讯科技（深圳）有限公司、深圳市腾讯计算机系统有限公司不正当竞争纠纷案一审民事判决书，（2011）粤高法民三初字第 1 号，http：//www.law-lib.com/cpws/cpws_view.asp？id=200401917814，最后访问时间 2018 年 9 月 8 日。《中华人民共和国反不正当竞争法》第二条规定不正当竞争。第十四条规定商业诋毁。在我国反不正当竞争法规定的 11 种不正当竞争行为中，第 5 条规定的仿冒行为、第 9 条规定的虚假宣传行为和第 14 条规定的商业诋毁行为，第 10 条对商业秘密的保护规定属于知识产权保护领域。郑成思教授将传统知识产权法的三项主要法律比喻为三座浮在海面上的冰山，反不正当竞争法则是托着冰山的海水。参看郑成思：《知识产权与国际贸易》，人民出版社 1995 年版，第 474 页。

⑤ 北京奇虎科技有限公司、奇智软件（北京）有限公司与腾讯科技（深圳）有限公司、深圳市腾讯计算机系统有限公司不正当竞争纠纷案二审民事判决书，（2013）民三终字第 5 号。

信原则、公认的商业道德时，依据的是工信部颁布的《规范互联网信息服务市场秩序若干规定》第 5 条、《互联网终端软件服务行业自律公约》第 18 条规定，前述《若干规定》及《自律公约》分别颁布施行于 2011 年及 2012 年，本案诉称不正当竞争行为发生于 2010 年 10 月底至 11 月初，因此一审法院适用《若干规定》和《自律公约》属于适用法律不当。在二审判决中，最高人民法院指出两个重要的司法解释原则：首先，在立法相对抽象、模糊时，可以援引行业性规范。[①] 其次，判决的正式依据是法律，行业性规范的援引是用来解释法律中涉及的事实问题的认定（而非法律认定）。[②] 在针对解释反不正当竞争法第十四条的虚伪事实是否包括片面陈述真实的事实而容易引人误解的情形，最高人民法院在二审判决书中指出片面的引人误解的宣传也属于反不正当竞争法第十四条应予以规范的行为。[③] 在 2017 年修改后的反不正当竞争法中，原 1993 年版反不正当竞争法的第十四条规定捏造、散布虚伪事实这一陈述已经被改为编造、传播虚假信息或误导性信息，立法中直接加入了“误导性信息”这一概念，本案可以视为是促进该立法的标志性案例之一。

2017 年《产科医生》海报、剧照、截图著作权侵权纠纷案被北京法院选为该年度知识产权十大创新性案例之一。[④] 该案的纠纷具体涉及两个主要问题：一是影视剧海报、剧照、截图的著作权认定规则；二是网络用户在影视作品的评论交流中使用具有宣传性质的影视作品海报、剧照、截图是否构成合理使用。[⑤] 从该案判决书的认定可见：影视剧海报属于美术作品，剧照属于摄影作品，均是独立于影视作品之外的单独作品，其著作权由作者享有。海报、剧照系为影视作品的宣传、营销而制作，实践中为便于宣传使用，海报和剧照的作者往往将作品著作权授予影视作品权利人，但并不能据此倒推，只要是影视作品权利人，

① 北京奇虎科技有限公司、奇智软件（北京）有限公司与腾讯科技（深圳）有限公司、深圳市腾讯计算机系统有限公司不正当竞争纠纷案二审民事判决书，（2013）民三终字第 5 号，最高人民法院将行业性规范认定为行业惯常行为标准和公认商业道德的重要渊源。

② 北京奇虎科技有限公司、奇智软件（北京）有限公司与腾讯科技（深圳）有限公司、深圳市腾讯计算机系统有限公司不正当竞争纠纷案二审民事判决书，（2013）民三终字第 5 号，最高人民法院认为一审法院援引的是民法通则、反不正当竞争法及最高院相关司法解释，对于《若干规定》及《自律公约》的援用是为了说明行业惯常行为标准和公认的商业道德。

③ 北京奇虎科技有限公司、奇智软件（北京）有限公司与腾讯科技（深圳）有限公司、深圳市腾讯计算机系统有限公司不正当竞争纠纷案二审民事判决书，（2013）民三终字第 5 号。

④ 案情简介见人民网，http://ip.people.com.cn/n1/2018/0912/c179663-30288660.html，最后访问时间 2018 年 9 月 13 日。

⑤ 一审案号：（2017）京 0105 民初 10028 号。案情简介参看，http：//www.pkulaw.com/pfnl/a25051f3312b07f36a94 caed37258e8d8249d577275c0026bdfb.html？ keyword= 产科医生，最后访问时间 2018 年 9 月 13 日。

就必然取得了海报、剧照的著作权。本案中原告虽然是影视作品权利人，但并不能直接推导出是该案摄影、美术作品的权利人。[①]截图本身不是独立的影视作品，属于影视作品连贯画面的有机组成部分，因此影视作品著作权人可以对截图主张权利。本案中的网友在豆瓣网上分享影视作品的海报、剧照、截图的行为，虽然涉及摄影作品、美术作品以及影视作品，也不在《著作权法》第二十二条关于合理使用的十二种情况，却并不能因此推定这类分享行为侵权。因为无论是《著作权法》第二十二条还是《著作权法实施条例》第二十一条所规定的合理使用制度以及使用条件，其立法本意都是均衡著作权人合法权益与鼓励其他人对作品的合理使用之间的关系，促进作品的创作与传播。本案的法官通过追溯著作权法的立法原意和合理使用制度设计的初衷，将此类未经著作权人许可的网络传播行为以及网络存储空间服务提供者的行为认定为不构成侵权。通过这一判决，法院对著作权法封闭立法模式中规定的合理使用范围的划定进行了积极的探索，适应了新的传播技术和新的商业模式的飞速发展现实，实现了著作权人、网络服务提供者与社会公众三类主体之间利益的平衡，对立法中原有的合理使用的范围进行了扩大，是通过司法促进知识产权立法的又一标志性案例。

以上三个案例是通过司法判决来解决立法上并未完全明晰的内容，或者司法应对立法无法预测的，因时代变迁产生的新技术、新问题的典型案例。在具体案例中针对不同情境里相竞争的利益进行权衡，使用语言的弹性对法律进行解释，法官成为“我们时代的法律”的共同创作者，在法律的前沿领域，法官积极参与了知识产权法体系的塑造过程。

三、知识产权法院的准立法职能

2008 年《国家知识产权战略纲要》中提出要研究设置知识产权专门法庭、上诉法院的可行性。2013 年《中共中央关于全面深化改革若干重大问题的决定》中提出探索建立知识产权法院。2014 年十二届全国人大常委会通过了关于在北京、上海、广州设立相当于中院的知识产权法院的决定，同年底，北京、广州、

① 乐视花儿公司未提交海报、剧照的权属、授权证据，而是仅凭其影视作品权利人的身份主张其享有海报、剧照的著作权，法院对此不予支持。

上海知识产权法院相继挂牌成立。之后,《最高人民法院关于北京、上海、广州知识产权法院案件管辖的规定》(法释〔2014〕12 号)又进一步确定:北京、上海、广州知识产权法院及其所在地高级人民法院的知识产权审判庭将统一管辖和审理涉及知识产权的大部分民事和行政技术类案件的一审及著作权等的上诉案件,这是我国首次实现了知识产权案件民事和行政审判的统一,打破了过去高度依赖行政区划的四级二审制的法院设置格局,并有效回应知识产权案件在行政区划上呈现出的不均衡的特点,整合知识产权司法资源,顺应国际趋势。①在知识产权法院建设过程中体现了近年来司法改革的许多改革措施,如以审判为中心的理念、办案责任制、主审法官额员制等具体制度改革、一审知识产权案件跨区域管辖等。而知识产权法院的布局,则需考虑我国超大型国土面积和人口规模的实际情况,遵从司法规律,不仅限于北上广地区或依循传统行政规划,而应在技术案件比较集中的地区设立专门法院,建立跨行政区划的错位管辖制度。②

知识产权法院的准立法功能体现在法院对某些涉及行政机关管辖的知识产权的效力认定问题上直接确权,统一判案标准,解决程序上的冲突并影响立法上的修改等方面。在案件涉及行政权与司法权对抗的领域,在今后修改相应法律时,可赋予知识产权法院对专利、商标等知识产权的效力做出直接认定的权力。③实际上已有司法先例,例如 2004 年深圳大豪兴利家具公司与专利复审委员会就梳妆台外观设计专利有效性行政诉讼程序中,北京市高院直接判决原告的外观设计权无效,引发北京第一中级法院作出一系列判决,直接宣告专利权无效。在《专利法》第四次修改草稿(征求意见稿)中,第 46 条新增的第 2 款、第 60 条新增的第 4 款也对此作出相应的回应。④另外,知识产权法院的建立,有利于统一案件司法标准,解决知识产权(主要是专利权与商标权)的确权与侵权程序的冲突,提高诉讼效率。⑤

---

① 关于德国、英国、美国、韩国、日本、欧盟、俄罗斯等国家和地区设立知识产权专业法院的国际趋势,参看易继明:《为什么要设立知识产权法院》,《科技与法律》2014 年第 4 期。

② 即"行政、民事案件二合一"甚至可能"民、行、刑"三合一的专门法院,基于专属管辖职能从下至上设立的专门法院。参看吴汉东:《中国知识产权法院建设:试点样本与基本走向》,《法律适用》2015 年第 1 期。

③ 参看张广良:《知识产权法院制度设计的本土化思维》,《法学家》2014 年第 6 期。

④ 参看刘强:《国家治理现代化视角下的知识产权司法审判体制改革》,《法学评论》2015 年第 5 期。

⑤ 参看袁秀挺:《中国知识产权法院的愿景及其实现路径》,《科技与法律》2015 年第 1 期。

结　语

互联网、人工智能、高新科技的迅猛发展，迫使以往相对封闭的法律帝国呈现开放式结构。公众参与理论不仅是对知识产权立法未来的假设，也是对即将到来现实的预言。公众参与理论的本质是强调一种自下而上、动态发展、交互可逆的结构，区别于以往自上而下、静态灌溉、较少交互性的立法模式。多元社会分层体系下，立法将成为多重身份利益主体之间不同诉求的博弈，而不同主体对知识产权领域的立法参与将促进专家与普通人之间的对话，融会贯通宏观战略层面、技术层面、贸易与生活层面的知识产权问题。

传统的知识产权体系是建立在激励（stimulus）或报偿（reward）或功利主义（utilitarian）的理论之上的。知识产权制度以保护智力创造者的权益为其核心立法原则，后来逐渐完善为保护私有知识财产、促进社会知识进步的二元立法原则。卢梭的社会公意理论、康德的自由意志理论、黑格尔的财产人格理论、扎霍斯的抽象物理论都为传统知识产权制度提供了法哲学基础。而经济学理论更为知识产权制度的理性提供了较强的解释力。知识产权的经济分析从亚当·斯密、杰里米·边沁、约翰·穆勒到 20 世纪初的经济学家比如庇古、陶西格，再到 21 世纪 30 年代发表一系列开创性作品的阿诺德·普兰特，经济分析理论以成本、收益、交换等经济学概念揭示产权制度对于激励和报偿科技创新的重要功能。然而在大数据时代，经济分析所强调的成本、收益、交换等概念的重要性将面临挑战，它们对于知识产品的创造和传播的激励作用也开始不再是核心问题。

从某种角度而言，知识产权保护的实质也许是人为地制造一种思想的稀缺性，从而实现盈利，这也许是专利、版权和商标权背后的秘密：力争让思想的自然流动停滞足够长的时间以使权利人赢利。然而，思想几乎能够不受限制和成本约束地进行复制。这也是为什么知识产权一直强调保护表达而不保护思想，保护思想的外在形式，而不保护思想的内容——因为保护思想不被复制是一项不可能完成的任务。传统知识产权假设，人们肆意复制他人的思想成果，将损害创造者的积极性，从而阻碍知识的创新。这也是激励、报偿和功利主义理论论证传统知识产权保护合理性的逻辑。但现代社会也许已经悄然发生变革，传统知识产权保护的逻辑原点也许需要进行修正：20 世纪的经济主要是一种原子经济，而 21 世纪则是比特经济——一种以电脑字节为基础的经济，而非过去建立在物理原子基础上的经济。数字化时代的独有特征是,如果某样东西成了软件，那么它的成本和价格也不可避免地趋零化。数字化世界也许不再是创造面临匮乏的世界，而是智力产品充裕并且充满替代产品的世界。开源软件运动正是这一变革的体现：对知识产品自由、免费的使用正逐步取代了限制、付费的保护，而网络世界上这场变革已经正在发生。

以开源软件运动为标志的数字化时代鼓励大家自由和重复使用各种软件，免费和开放资源的软件中的“free”一词既表示免费、不收取费用，又表示一种重复使用他人智力成果的自由。金钱不再是人们行为处事的唯一动力，利他主义因素和自私的基因也许同样重要。网络为个人提供了一个互助互利的平台，零成本的信息传播已经成为一种生活方式，人们已经习惯于接受这一事实：信息传播几乎都是免费的。免费的信息传播，却并不是不正当竞争，因为信息传播同样创造了真正的价值:人们之间跨阶层、跨阶级、跨国籍、跨地域、跨文化、跨种族、跨性别，甚至超越宗教信仰的交流、沟通与合作。互联网上的信息传播，重建了共同沟通、交流与合作的巴别塔。

或者说传统的知识产权保护建立在个人理论（personal theory 或 individualism）之上，将具体权利人的智力产品视为无形的物并赋予财产属性，进行保护。数字化时代的开源软件运动则一开始就将重点放在社群之上，将具体权利人的产品视为全人类的文化产品，向不特定的所有（他）人开放、共享。开源软件运动对传统知识产权理论和概念提出的挑战在于，它为软件的财产权保护和许可提出了另一种思路，即自由版权（copyleft 相对于 copyright 而言的）思路。版权（copyright）是为了限制他人任意使用权利人知识产品的自由，而自由版权（copyleft）则是为了保护这种自由，仅有的限制是他人的复制、传播、修改等过程须遵循自由版权的规则。自由版权不是无视版权，也不同于传统的共有领域，而是允许使用者在遵循自由版权许可规定的情况下，对软件自由使用。版权是自由版权的前提，自由版权规则的具体表现形式是通过公共许可证（GPL），GPL 协议即是开源软件提供者和使用者之间的协议，是开源软件发布、复制、修改所依照的准则。自由版权规则下的使用者首先必须尊重和承认版权。但自由版权与版权的法定许可不同，它属于意定许可，完全依照原著作权人的意思，允许他人对其作品的使用、复制、修改和再创造等权利，它基于知识共享的目的而产生，针对不特定人，并且具有传递性。

知识产权制度本身应当兼顾权利人对知识产品的专有独占与全社会共享人类知识成果这两种需求。对于传统知识产权保护的理念，利益平衡理论可以提供较强的解释力，即在创作者和公众的利益之间寻求平衡。但知识产权怀疑论［以美国安东尼·沃内兹（Anatoly Volynets）为代表］对功利主义的激励机制表示怀疑，认为现有的知识产权制度对社会、教育、文化和经济的发展产生了负面效果。理查德·斯托曼（Richard Stallman）则认为知识产权制度作为创造垄断的机制加剧了社会分配的不公。开源软件运动是知识共享运动的重要分支。与传统知识产权对权利人授予专有独占权的模式不同，开源软件运动提出自由、免费、共享、合作等知识创作理念，试图搭建知识和信息资源的共享平台，使具体、单一的原创作人和不特定、广大的后续创作人成为共同的创作者，而作品的创作时间成为开放模式而不再是封闭模式，受众无须经过授权就可以自由复制并修正源代码，原权利人通过开源许可（如 GPL）的方式承认放弃独占使用权，而承认他人对源代码的复制、传播、修改、使用、再次发布等权利，在开源软件系统下，所有的人都奉行共同享有的原则，应当保证下游用户对资源的持续共享，不得在衍生作品上申请著作权、专利权。可见，与传统知识产权保护不同，开源软件运动更加偏重于强调公众利益。

斯蒂芬·李维（Steven Levy）在其 1984 年出版的《骇客：计算机革命的英雄》（Hackers：Heroes of the Computer Revolution）一书中描述了骇客伦理（hacker ethics）：一种建立在通衢（access）、自由信息以及改善生活质量这些最基本的原则之上的文化。从此，新技术不再只是程序员的独有产品，而是被更多人共享的产品。自由、免费、共享、合作、参与的观念深入互联网哲学和文化中，用以造福更多的用户。

开放源头已经成为数字化时代、人工智能时代技术革新、避免算法垄断的重要策略，与之密切相关的立法上也宜采取开放源头的方式即通过公众参与的方式打破立法的静态结构，代之以动态、交互、可逆的立法模式。开源不仅是人工智能时代的一个特征，也是指向未来法律革命的一个重要隐喻。

参考文献

一、中文文献

［1］［德］马克思、［德］恩格斯：《马克思恩格斯全集》（第一卷），人民出版社 1956 年版。

［2］范扬：《庞德实用主义法学批判》，《复旦学报》1958 年第 1 期。

［3］［英］约翰·密尔：《代议制政府》，汪瑄译，商务印书馆 1982 年版。

［4］［英］洛克：《人类理解论》（上册），关文运译，商务印书馆 1983 年版。

［5］江平：《民法通则的适用范围及其效力》，《法学研究》1986 年第 3 期。

［6］［德］N. 鲁曼：《社会分层理论》，王容芬译，《国外社会科学》1986 年第 10 期。

［7］［美］伯纳德·施瓦茨：《美国法律史》，王军等译，中国政法大学出版社 1990 年版。

［8］金眉、张中秋：《中国著作权立法史述论》，《法律评论》1994 年第 2 期。

［9］郑成思：《知识产权与国际贸易》，人民出版社 1995 年版。

［10］梁慧星：《电视节目预告表的法律保护和利益衡量》，《法学研究》1995 年第 2 期。

［11］吕世伦：《现代西方法学流派》（上册），法律出版社 1996 年版。

［12］［美］理查德·A. 波斯纳：《法律的经济分析》，蒋兆康译，中国大百科全书出版社 1997 年版。

［13］孙琬钟、杨振山：《一部历史性的基本法律——纪念〈民法通则〉实施十周年》，《中国法学》1997 年第 1 期。

［14］郑成思：《知识产权论》，法律出版社 1998 年版。

［15］胡伟：《政府过程》，浙江人民出版社 1998 年版。

［16］高德步：《产权与增长：论法律制度的效率》，中国人民大学出版 1999 年版。

[17]［奥］约瑟夫 · 熊彼特 :《资本主义、社会主义与民主》，吴良健译，商务印书馆 1999 年版。

[18]［美］博登海默 :《法理学 : 法律哲学与法律方法》，邓正来译，中国政法大学出版社 1999 年版。

[19] 袁泳 :《数字技术与版权领域的利益平衡论》，《南京大学学报》1999 年第 3 期。

[20] 李路路 :《论社会分层研究》，《社会学研究》1999 年第 1 期。

[21]［英］弗雷德里希·冯·哈耶克:《法律、立法与自由》，邓正来、张守东、李静冰译，中国大百科全书出版社 2000 年版。

[22]［美］约翰·罗尔斯:《政治自由主义》，万俊人译，译林出版社 2000 年版。

[23] 国知局 :《中国专利法第二次修改的背景及过程》，《知识产权》2000 年第 5 期。

[24]［英］安德鲁 · 海伍德 :《政治学》，张立鹏译，中国人民大学出版社 2001 年版。

[25]［意］帕累托:《普通社会学纲要》，生活·读书·新知三联书店 2001 年版。

[26] 冯晓青 :《试论我国新专利法的修改背景、总体精神与立法宗旨》，《天津市政法管理干部学院学报》2001 年第 3 期。

[27] 冯晓青 :《我国专利法的修改与完善研究》，《岳麓法学评论》2001 年第 2 期。

[28]［美］理查德·A. 波斯纳:《法理学问题》，中国政法大学出版社 2002 年版。

[29]［英］R. 科斯等 :《财产权利与制度变迁——产权学派与新制度学派译文集》，刘守英等译，上海人民出版社 2002 年版。

[30] 梁上上 :《利益层次的结构和利益衡量的展开——兼评加藤一郎的利益衡量论》，《法学研究》2002 年第 1 期。

[31] 李强、邓建伟 :《我国社会分层理论的演进》，《学海》2002 年第 4 期。

[32]［古希腊］柏拉图 :《柏拉图全集》（第二卷），王晓朝译，人民出版社 2003 年版。

[33]［德］哈贝马斯 :《在事实与规范之间 : 关于法律和民主法治国的商谈理论》，童世骏译，生活 · 读书 · 新知三联书店 2003 年版。

[34] 吴汉东 :《知识产权立法体例与民法典编纂》，《中国法学》2003 年第 1 期。

[35] 王立新：《论社会分层中人民利益表达制度的建构》，《社会科学》2003年第10期。

[36] 冯晓青：《知识产权前沿问题研究》，中国人民公安大学出版社2004年版。

[37] [德] 鲁道夫·冯·耶林：《为权利而斗争》，中国法制出版社2004年版。

[38] [英] 戴维·赫尔德、[英] 安东尼·麦克格鲁：《治理全球化：权力、权威与全球治理》，曹荣湘、龙虎等译，社会科学文献出版社2004年版。

[39] 杜恂诚：《试论近代中国阶层排序》，《学术月刊》2004年第1期。

[40] 冯晓青:《著作权法目的与利益平衡论》,《科技与法律》2004年第2期。

[41] 冯晓青：《知识产权法目的与利益平衡研究》，《南都学坛》2004年第3期。

[42] 冯晓青、刘淑华：《试论知识产权的私权属性及其公权化趋向》，《中国法学》2004年第1期。

[43] 曹新明：《知识产权法哲学理论反思——以重构知识产权制度为视角》，《法制与社会发展》2004年第6期。

[44] 陈林林：《方法论上之盲目飞行——利益法学方法之评析》，《浙江社会科学》2004年第5期。

[45] 杨寅：《公共利益的程序主义考量》，《法学》2004年第10期。

[46] 吴汉东:《著作权合理使用制度研究》，中国政法大学出版社2005年版。

[47] 孙立平：《现代化与社会转型》，北京大学出版社2005年版。

[48] [美] 威廉·M. 兰德斯、[美] 理查德·A. 波斯纳：《知识产权法的经济结构》，北京大学出版社2005年版。

[49] 易继明：《知识产权的观念：类型化及法律适用》，《法学研究》2005年第3期。

[50] 张斌：《论现代立法中的利益平衡机制》，《清华大学学报》2005年第2期。

[51] 侯钧生、韩克庆:《西方社会分层研究中的两种理论范式》，《江海学刊》2005年第4期。

[52] [美] 霍姆斯：《普通法》，冉昊、姚中秋译，中国政法大学出版社2006年版。

[53] 冯晓青：《知识产权法哲学》，中国人民公安大学出版社2006年版。

[54] 钱弘道：《法律的经济分析》，清华大学出版社 2006 年版。

[55] [澳] 约翰 · S. 德雷泽克：《协商民主及其超越：自由与批评的视角》，丁开杰等译，中央编译出版社 2006 年版。

[56] [美] 卡罗尔 · 佩特曼：《参与和民主理论》，陈尧译，上海世纪出版集团 2006 年版。

[57] [德] 菲利普 · 黑克：《利益法学》，《比较法研究》2006 年第 6 期。

[58] 吴汉东：《关于知识产权本质的多维度解读》，《中国法学》2006 年第 5 期。

[59] 崔国斌：《知识产权法官造法批判》，《中国法学》2006 年第 1 期。

[60] 郑胜利：《论知识产权法定主义》，《中国发展》2006 年第 3 期。

[61] 李扬:《知识产权法定主义及其适用——兼与梁慧星、易继明教授商榷》，《法学研究》2006 年第 2 期。

[62] 王争:《专利制度的经济学研究综述》,《北京大学学报》2006 年第 2 期。

[63] 黄凌云等:《知识产品的公共物品属性与知识产权保护的制度设计》,《中国特色社会主义研究》2006 年第 4 期。

[64] 何兴强：《美国知识产权政策制订中的利益集团因素》，《中国社会科学院院报》2006 年 10 月第 003 版。

[65] 苏力：《制度是如何形成的》，北京大学出版社 2007 年版。

[66] [美] 霍姆斯：《法律的生命在于经验——霍姆斯法学文集》，明辉译，清华大学出版社 2007 年版。

[67] 冯晓青：《商标法第三次修改若干问题探讨》，《中华商标》2007 年第 4 期。

[68] 彭学龙：《知识产权：自然权利亦或法定之权》，《电子知识产权》2007 年第 8 期。

[69] 杨红军:《知识产权制度变迁中契约观念的演进及其启示》，《法商研究》2007 年第 2 期。

[70] 王绍光：《民主四讲》，生活 · 读书 · 新知三联书店 2008 年版。

[71] [英] 穆勒：《功利主义》，徐大建译，上海世纪出版集团 2008 年版。

[72] 冯晓青：《知识产权法目的与利益平衡关系的实证分析——以美国宪法知识产权条款为例》，《北京科技大学学报》2008 年第 3 期。

[73] 刑乐勤、顾艳：《论中国利益集团对地方立法的影响》，《浙江学刊》

2008 年第 5 期。

[74] 焦扬、史尚元：《知识产权制度中的博弈分析》，《经济理论研究》2008 年第 1 期。

[75] 王锡锌：《公众参与：参与式民主的理论想象及制度实践》，《政治与法律》2008 年第 6 期。

[76] 田力普：《国家知识产权战略纲要的实施与推进——在中国知识产权研究会第五次全国代表大会暨学术报告会上的讲话》，《知识产权》2008 年第 4 期。

[77] 吴汉东：《知识产权基本问题研究》（总论），中国人民大学出版社 2009 年版。

[78] 谢地等：《法经济学》，科学出版社 2009 年版。

[79] 蔡定剑：《公众参与：风险社会的制度建设》，法律出版社 2009 年版。

[80] 史卫民等：《中国选举进展报告》，中国社会科学出版社 2009 年版。

[81] 明辉：《霍姆斯：法律实用主义》，黑龙江大学出版社 2009 年版。

[82] 吴汉东：《中国知识产权法制建设的评价与反思》，《中国法学》2009 年第 1 期。

[83] 袁秀挺：《我国案例指导制度的实践运作及其评析——以最高人民法院公报中的知识产权案例为对象》，《法商研究》2009 年第 2 期。

[84] 魏森：《法律文化帝国主义研究——以中国知识产权立法为中心》，《法商研究》2009 年第 3 期。

[85] 张玉敏：《知识产权法制三十年》，《法学杂志》2009 年第 2 期。

[86] 马宁：《从专利法三次修改谈中国专利立法价值趋向的变化》，《知识产权》2009 年第 9 期。

[87] 郭禾：《创新是社会进步的根本动力——专利法第三次修订评述》，《电子知识产权》2009 年第 3 期。

[88] 王太平、熊琦：《论知识产权国际立法的后 TRIPS 发展》，《环球法律评论》2009 年第 5 期。

[89] 刘华、孟奇勋：《公共政策视阈下的知识产权利益集团运作机制研究》，《法商研究》2009 年第 4 期。

[90] 刘恩东：《利益集团与美国知识产权政策》，《国际资料信息》2009 年第 9 期。

[91] 王太平:《论知识产权的公共政策性》,《湘潭大学学报》2009 年第 1 期。

[92] 吴汉东、郭寿康：《知识产权制度国际化问题研究》，北京大学出版社 2010 年版。

[93] 杨炼：《立法过程中的利益衡量研究》，法律出版社 2010 年版。

[94] [美] 罗纳德·德沃金：《身披法袍的正义》，周林刚、翟志勇译，北京大学出版社 2010 年版。

[95] 谢晓尧、陈贤凯：《知识产权革命——知识产权立法的中国奇迹》，《法学评论》2010 年第 3 期。

[96] 王莲峰：《我国商标法名称的修改与选择》，《政治与法律》2010 年第 1 期。

[97] 邓宏光：《从公法到私法：我国商标法的应然转向——以我国商标法第三次修订为背景》，《知识产权》2010 年第 5 期。

[98] 曲三强：《理性主义的式微与功利主义的勃兴——兼论知识产权侵权规则原则的走势》，《学术探讨》2010 年第 5 期。

[99] 温芽清、南振兴：《知识产权法的二元价值目标及其均衡——基于法经济学视角的分析》，《河北大学学报》2010 年第 5 期。

[100] 贾引狮：《中国—东盟自由贸易区背景下的知识产权博弈》，《广西社会科学》2011 年第 2 期。

[101] 钱锦宇：《参与民主：新型的民主形式》，《西北大学学报》2011 年第 6 期。

[102] 王利明：《亲历民法通则的制定》，《光明日报》2011 年 3 月第 10 版。

[103] 冯象：《政法笔记》，北京大学出版社 2012 年版。

[104] 瞿同祖：《清代地方政府》，法律出版社 2012 年版。

[105] [美] 乌戈·马太、[美] 劳拉·纳德：《西方的掠夺：当法治非法时》，社会科学文献出版社 2012 年版。

[106] [美] 克里斯·安德森:《免费》，蒋旭峰、冯斌译，中信出版社 2012 年版。

[107] [古希腊] 柏拉图:《斐多:柏拉图对话录之一》，杨绛译，生活·读书·新知三联书店 2012 年版。

[108] 吴汉东：《著作权法第三次修改草案的立法方法和内容安排》，《知识产权》2012 年第 5 期。

[109] 黄信瑜、胡建：《我国台湾地区公众在参与立法活动中的角色》，《行

政法研究》2012 年第 4 期。

[110] 陈兴良 :《案例指导制度的规范考察》,《法学评论》2012 年第 3 期。

[111] 王利明:《我国案例指导制度若干问题研究》,《法学》2012 年第 1 期。

[112] 童谨:《论早期网络空间中的黑客伦理》,《理论观察》2012 年第 6 期。

[113] 邓志伟等 :《我国知识产权“十大案件”制度设计与实践——以功能偏差与价值回归为中心》,《全国法院系统第二十四届学术讨论会会议论文》(上册)2012 年 12 月。

[114] 邓志伟等 :《我国知识产权“十大案件”制度设计与实践——以功能偏差与价值回归为中心》,建设公平正义社会与刑事法律适用问题研究——全国法院第 24 届学术讨论会获奖论文集(上册)2012 年。

[115] 张先明 :《最高人民法院公布 2011 年知产司法保护十大案件和五十个典型案例》,《人民法院报》2012 年 4 月第 001 版。

[116] 吴汉东 :《知识产权总论》,中国人民大学出版社 2013 年版。

[117] 陈兴良等 :《人民法院刑事指导案例裁判要旨通纂》,北京大学出版社 2013 年版。

[118] [英] 雷蒙德 · 瓦克斯 :《法哲学 : 价值与事实》,谭宇生译,译林出版社 2013 年版。

[119] 吴汉东、王超政 :《中国发展大局中的商标法修改》,《中国工商管理研究》2013 年第 2 期。

[120] 金武卫 :《商标法第三次修改回顾与总结》,《知识产权》2013 年第 10 期。

[121] 马一德 :《创新驱动发展与知识产权战略实施》,《中国法学》2013 年第 4 期。

[122] 卢群星 :《隐性立法者 : 中国立法工作者的作用及其正当性难题》,《浙江大学学报》2013 年第 2 期。

[123] 王自强 :《从著作权法的第三次修改谈科学立法》,《中国版权》2013 年第 6 期。

[124] 何平 :《商标法第三次修改简述》,《中华商标》2013 年第 10 期。

[125] 秦珂 :《基于立法视角的古籍整理著作权问题分析——关于〈著作权法〉第三次修改的思考》,《图书馆理论与实践》2013 年第 3 期。

[126] 何平 :《商标法第三次修改简述》,《中华商标》2013 年第 10 期。

[127] 李红娟：《专利法第四次修改（征求意见稿）的理论分析——以加强侵权保护为视角》，《中国政法大学学报》2013 年第 6 期。

[128] 梁心新、徐慧：《知识产权制度异化的国家博弈分析》，《知识产权》2013 年第 9 期。

[129] 孙莹：《论我国人大代表结构比例的调整优化——以精英主义和多元主义代表模式为分析框架》，《中山大学学报》2013 年第 4 期。

[130] 何珊君：《法社会学视野下的权威扩散与公众参与的现代民主价值》，《学术论坛》2013 年第 9 期。

[131]《中华人民共和国知识产权法律法规全书》，法律出版社第 2013 年版。

[132] 徐元、于洪平:《新形势下实施外贸知识产权战略的思路与对策》，《中国软科学》2014 年第 5 期。

[133] 杨帆、张海宏：《销售侵权复制品虚置之争的再思考——基于功利主义知识产权刑事政策立场的评析》，《政治与法律》2014 年第 3 期。

[134] 和育东：《从权利到功利：知识产权扩张的逻辑转换》，《知识产权》2014 年第 5 期。

[135] 李强、王昊：《中国社会分层结构的四个世界》，《社会科学战线》2014 年第 9 期。

[136] 易继明:《为什么要设立知识产权法院》,《科技与法律》2014 年第 4 期。

[137] 张广良：《知识产权法院制度设计的本土化思维》，《法学家》2014 年第 6 期。

[138] 蒋凯：《知识商品化及其对高等教育公共性的侵蚀》，《北京大学教育评论》2014 年第 1 期。

[139] 梁慧星：《民权法治之路的里程碑——新中国第三次民法起草亲历记》，《人民政协报》2014 年 11 月第五版。

[140] 吴汉东:《中国知识产权法院建设:试点样本与基本走向》，《法律适用》2015 年第 1 期。

[141] 袁秀挺：《中国知识产权法院的愿景及其实现路径》，《科技与法律》2015 年第 1 期。

[142] 张文龙：《目的与利益：法范式的哥白尼革命，海克为中心的利益法学思想史之考察》，《清华法学评论》2015 年第 1 期。

[143] 李霞：《实用主义的法官法理学——透视霍姆斯大法官的司法哲学》，

《北方法学》2015 年第 4 期。

[144] 刘作翔：《中国案例指导制度的最新进展及其问题》，《东方法学》2015 年第 3 期。

[145] 金海军：《我国知识产权经典案例统计分析——以〈最高人民法院公报〉（1985—2014）为据》，《知识产权》2015 年第 6 期。

[146] 北京知识产权法院课题组：《关于审判权运行机制改革的思考与探索——以北京知识产权法院为分析样本》，《法律适用》2015 年第 10 期。

[147] 北京知识产权法院课题组：《关于审判权运行机制改革的思考与探索——以北京知识产权法院为分析样本》，《法律适用》2015 年第 10 期。

[148] 刘强：《国家治理现代化视角下的知识产权司法审判体制改革》，《法学评论》2015 年第 5 期。

[149] 温珮滢、刘益：《小议 copyleft 中文译名》，《中国科技术语》2015 年第 4 期。

[150] 程愿：《变化社会中的多元分层——一个精英主义的视角》，《现代商业》2015 年第 33 期。

[151] 何鹏：《美国贸易协议机制"快车道"立法研究》，《云南社会科学》2016 年第 2 期。

[152] 何鹏:《论电视节目版式的著作权保护》，《法律科学》2016 年第 3 期。

[153] 徐理响、黄鹂:《人大代表结构与代表身份选择合理性问题探析》，《中南大学学报》2016 年第 11 期。

[154] 杨静：《知识产权案例指导制度的障碍与克服——北京知识产权法院庭审实质化实证研究》，《法律适用》2016 第 10 期。

[155] 资琳:《指导性案例同质化处理的困境及突破》,《法学》2017 年第 1 期。

二、英文文献

[1] Jeremy Bentham，An Introduction to the Principles of Morals and Legislation，Oxford：Dover Publications Inc，1823.

[2] Jeremy Bentham and F.C.Montague，A Fragment on Government，Oxford，1891.

[3] John Locke, An Essay Concerning Human Understanding, Oxford：Clarendon Press, 1894.

[4] John Stuart Mill, Utilitarianism, London：J.M.Dent, 1910.

[5] Rudolf Von Ihering, Law as a Means to an End：The Boston Book Company, 1913.

[6] Oliver Wendell Holmes, The Common Law, Boston：Little, Brown and Company, 1923.

[7] Rudolf Von Jhering, In the English Philosophers from Bacon to Mill, New York：The Modern Library , 1939.

[8] John Mill, Utilitarianism, New York：Cambridge University Press, 1957.

[9] John Rawls, Justice as Fairness, The Philosophical Review 67, 1958（4）.

[10] Merton R.K, The sociology of science：Theoretical and empirical investigation, Chicago：The University of Chicago Press, 1973.

[11] William James, Pragmatism：A New Name for Some Old Ways of Thinking：Harvard University Press, 1975.

[12] Plato, Theatetus：Princeton University Press, 1980.

[13] Alasdair MacIntyre, After Virtue：Notre Dame University Press, 1981.

[14] Michael Sandel, Liberalism and the Limits of Justice, New York：Cambridge University Press, 1984.

[15] Cogan, A., Sharpe, S., & Hertzberg, J., Citizen Participation, The Practice of State and Regional Planning, Chicago：American Planning Association, 1986.

[16] DeSario and Langton, Citizen Participation in Public Decision Making, New York：Greenwood Press, 1987.

[17] Richard Tarnas, The Passion of the Western Mind：Understanding the Ideas that Have Shaped Our World View, New York：Random House, 1991.

[18] Ingram A, A Political Theory of Rights：Oxford, 1994.

[19] Jaffe, A.B, The U.S. Pattern System in Transition：Policy Innovation and the Innovation Process, Research Policy, 2000.

[20] Zenon Bankowski, Living Lawfully—Love in Law and Law in Love：Kluwer, 2001.

[21] Susan K. Sell, Private Power, Public Law：The Globalization of Intellectual Property Rights：Cambridge University Press, 2003.

[22] Jorge N. Ferrer and Richard Tarnas, Revisioning Transpersonal Theory：A Participatory Vision of Human Spirituality：State University of New York Press, 2001.

[23] Mark Poster, What is the Matter with Internet：University of Minnesota Press, 2001.

[24] Quinteller, E., & Hooghe, "M. Political attitudes and political participation：A panel study on socialization and self-selection effects among late adolescents", International Political Science Review, 2012(1).

[25] Peng He, Chinese Lawmaking：From Non-communicative to Communicative：Springer, 2013.

[26] Carol Graham & Soumya Chattopadhyay, The Decade of Public Protest and Frustration with Lack of Social Mobility：The Brookings, 2014.

[27] Philipp Heck, The Formation of Concepts and Jurisprudence of Interests. The Jurisprudence of Interests：Harvard University Press.http：www.brookings.edu/blogs/social-mobility-memos/posts/2014/03/07-frustated-achievers-mobility-attitudes-public-protest-graham.

三、其他

[1] 马一德：《中国知识产权立法进程的几个问题》，中国知识产权研究网，http：//www.iprcn.com/il_xsjt_show.aspx？ news_pi=6066。

[2] 王汉斌：《关于〈中华人民共和国民法通则（草案）〉的说明》，第六届全国人民代表大会第四次会议。http：//www.npc.gov.cn/npc/lfzt/rlys/2014-10/24/content_1882694.htm。

[3] 张维炜：《亲历者回忆民法通则制定过程：90% 的条文改动过》，http：//www.chinanews.com/fz/2013/07-29/5095070.shtml。

[4] 魏振瀛：《参加〈民法通则〉起草的片断回顾》，http：//article.chinalawinfo.com/ArticleHtml/Article_33015.shtml。

[5] 梁慧星：《关于民法典编纂问题》，中国法学网，http：//www.iolaw.org.cn/showArticle.aspx？ id=4200。

[6] 金平等：《"中国民法典论坛"第五场——新中国民法起草五十年回顾》，法大民商经济法律网，http：//article.chinalawinfo.com/ArticleHtml/Article_28231.shtml。

[7] 新闻出版总署：《"利益平衡"是著作权立法的基本精神》，http：//news.xinhuanet.com/politics/2012-05/18/c_123153721.htm。

[8] 张贺：《专家谈著作权修法：过于倾斜权利人也不合适》，http：//culture.people.com.cn/n/2012/0709/c346160-18477735.html。

[9] 柳斌杰：《〈著作权法〉修订要面向时代、面向世界、面向未来》，《著作权法》第三次修订启动会议。

[10] 尹新天：《新中国的专利法从无到有》，国务院新闻办公室，http：//www.scio.gov.cn/xwfbh/xwbfbh/wqfbh/37601/39412/zy39416/Document/1643318/1643318.htm。

[11]江平：《从法律实用主义到法律理念主义——中国30年法治进程再思考》，http：//www.legaldaily.com.cn/index_article/content/2009-10/26/content_1171875.htm。

[12] 巫云仙：《西方学者怎么看中国"入世"这十多年》，http：//view.news.qq.com/a/20140106/004114.htm。

[13] 国家知识产权局官网有关知识产权战略专题，http：//www.sipo.gov.

cn/ztzl/ywzt/zscqzl/。

[14] 中华人民共和国统计局官网:《2015 年国民经济与社会发展统计公报》, http : //www.stats.gov.cn/tjsj/zxfb/201602/t20160229_1323991.html。

[15] 国家统计局 :《五年来我国高技术制造业蓬勃发展》, http : //www.stats.gov.cn/tjsj/zxfb/201412/t20141216_653666.html。

[16] 世界贸易组织官网关于 TRIPS 的介绍, https : //www.wto.org/english/thewto_e/whatis_e/tif_e/agrm7_e.htm。

[17] IPC 职责的说明, https : //ieeeusa.org/volunteers/committees/ipc/。

[18]《第八次全国私营企业抽样调查数据分析综合报告》, http : //finance.sina.com.cn/roll/20090325/22532751378.shtml。

[19]《两会代表 83 人身价超 10 亿美元美众参议院无人达此标准》, http : //finance.ifeng.com/news/special/e2013lianghui/20130308/7748760.shtml。

[20] 微信商标行政案 : 北京知识产权法院〔2014〕京知行初字第 67 号行政判决书。

[21] 历年《中国知识产权保护状况》白皮书, http : //www.nipso.cn/bai.asp。

[22] 2015 年《中国法院知识产权保护状况》, http : //tm.ipchina.com/law/cn/2016/04/16970.shtml。

[23] 最高人民法院办公厅《关于印发 2011 年中国法院知识产权司法保护 10 大案件和 50 件典型案例的通知》, 人民知识产权审判网, http : //zscq.court.gov.cn/bhcg/201304/t20130407_183078.html。

[24] 历年《中国知识产权保护状况》白皮书, http : //www.nipso.cn/bai.asp。

[25] 2015 年《中国法院知识产权保护状况》, http : //tm.ipchina.com/law/cn/2016/04/16970.shtml。

[26] 最高人民法院办公厅《关于印发 2011 年中国法院知识产权司法保护 10 大案件和 50 件典型案例的通知》, 人民知识产权审判网, http : //zscq.court.gov.cn/bhcg/201304/t20130407_183078.html。

[27] 人民网报道, http : //ip.people.com.cn/n1/2018/0912/c179663-30288660.

html。

[28] 央广网 2018 年 2 月 1 日报道，http：//www.cnr.cn/sd/ts/20180201/t20180201_524121104.shtml。

[29] 新华网系列报道，http：//www.xinhuanet.com/tech/special/zt35.htm。

[30] 最高人民法院 /（2011）民提字第 259 号 /2011.12.20，深圳市斯瑞曼精细化工有限公司诉深圳市坑梓自来水有限公司、深圳市康泰蓝水处理设备有限公司侵害发明专利权纠纷案。

[31] 四川省泸州市中级人民法院 /（2016）川 05 民初 1 号。

[32]“红罐案”案情简介见人民法院新闻传媒总社，最高人民法院公开宣判王老吉与加多宝红罐凉茶包装装潢纠纷案，http：//www.court.gov.cn/zixun-xiangqing-56152.html？ from=timeline&isappinstalled=0。

[33] 法发〔2017〕23 号，http：//www.court.gov.cn/fabu-xiangqing-56132.html。

[34] 北京奇虎科技有限公司、奇智软件（北京）有限公司与腾讯科技（深圳）有限公司、深圳市腾讯计算机系统有限公司不正当竞争纠纷案一审民事判决书，〔2011〕粤高法民三初字第 1 号，http：//www.law-lib.com/cpws/cpws_view.asp？ id=200401917814。

[35] 北京奇虎科技有限公司、奇智软件（北京）有限公司与腾讯科技（深圳）有限公司、深圳市腾讯计算机系统有限公司不正当竞争纠纷案二审民事判决书，〔2013〕民三终字第 5 号。

[36] 国家版权局官网；http：//www.ncac.gov.cn/chinacopyright/channels/476.html。

[37] 法工委官网，http：//www.npc.gov.cn/npc/fzgzwyh/node_5858.htm。

[38] 国家广播电视总局政府网站，www.nrta.gov.cn。

[39] 原国家新闻出版广电总局官网，http：//www.sapprft.gov.cn/sapprft/govpublic/6642/282549.shtml。

[40] 美国商会官网，https：//www.uschamber.com/about-us/about-us-chamber/policymaking-process。

[41] IIPA 官网，http：//iipawebsite.com/aboutiipa.html。

[42] IACC 官网，http：//www.iacc.org/。

[43] 软件联盟官网，http：//www.bsa.org/about-bsa。

[44] 国际商标协会官网，http：//www.inta.org/About/Pages/Overview.aspx。

[45] 知识产权所有人协会官网，http：//www.ipo.org/index.php/about-ipo/。

[46] 国家知识产权局数据，http：//www.sipo.gov.cn/gjhz/gjwl/201310/t20131023_832356.html。

[47] 美国知识产权律师协会官网介绍，http：//www.aipla.org/about/who/Pages/History.aspx。

[48] 中国版权协会官网介绍，http：//www.csccn.org.cn/a/xiehuijianjie/。

[49] 中国文字著作权协会官网，http：//www.prccopyright.org.cn/staticnews/2010-01-28/100128145635437/1.html。

[50] 中国电影著作权协会数据库，http：//www.cnfor.org/index.php。

[51] 中国版权协会官网，http：//www.csccn.org.cn/a/xiangguanjigou/20140723/67.html。

[52] 中国网，http：//www.china.com.cn/guoqing/zhuanti/2015-09/06/content_36508854.htm。

[53] 中国摄影家协会官网，http：//www.cpanet.org.cn/xiehuijianjie.html。

[54] 中国音乐著作权官网，http：//www.mcsc.com.cn/index.html。

[55] 中国专利保护协会官网，http://www.ppac.org.cn/list.php？ catid-35.html。

[56] 中华全国专利代理人协会官网，http：//www.acpaa.cn/article/single/9.jhtml。

[57] 中华商标网官网介绍，http：//www.cta.org.cn。

[58] 作家协会官网，http：//www.chinawriter.com.cn/zxjg/。

[59] 中国发明协会官网，http：//www.cainet.org.cn。

[60] 国家知识产权局，http：//www.sipo.gov.cn/gk/zzjg/jgjs/zgshttjs/200804/t20080401_364061.html。

[61] 中国软件行业协会官网，http：//www.csia.org.cn/htm/about/abo

ut-con02.html。

[62] 全国工商联官网，http：//www.acfic.org.cn/web/c_000000010001 0001/。

[63] 中国国际商会官网，http：//www.ccoic.cn/info/info_8a8080ad4ff7 e282014ff8a90334000f.html。

[64] 中国国际贸易促进委员会官网，http：//www.ccpit.org/Contents/ Channel_3549/2015/0216/447528/content_447528.htm。

[65] 中国知识产权研究会官网，http：//www.cnips.org。

[66] 知识产权法学研究会官网，http：//iplaw.org.cn/index.asp。

[67] 国际保护知识产权协会中国分会官网介绍，http：//www.aippi-china.org/jj/

[68] 中国作家网，http://www.chinawriter.com.cn/n1/2016/0630/c4039 57-28512659.html。

[69] 中国文字著作权协会官网，http：//www.prccopyright.org.cn/stati cnews/2010-01-28/100128145635437/1.html。

[70] 中国知识产权裁判文书网，http：//ipr.court.gov.cn。

[71] 中国法院网，http：//www.chinacourt.org/article/detail/2017/03/ id/2575036.shtml。

后 记

从1998年夏走进中南政法学院，到2018年夏完成本书的初稿，二十年青春只是一眨眼。第一次见到吴汉东老师时，我因曾获得湖北省楚才作文竞赛高中组一等奖而获得老师夸赞，老师还在夸我很优秀时，我却说："那是过去了，老师！"十八岁风华正茂的姑娘，却不能接受长辈的肯定和鼓励。此时即将步入人生"不惑"时节的我，回想起多年以前的这个瞬间，才能看到克服自卑、肯定自己对我来说是多么难的功课。

在跟吴老师说想做知识产权方向的博士后之前，我在英国爱丁堡大学攻读博士学位（Ph.D in Law），一读就是六七年。选的是法学理论（legal theory）方向，做的课题是关于协商对话的立法。在国外写论文最艰难的还是在持续自卑的情绪下坚持鼓励自己：开题报告获得当时还在世的尼尔·麦考密克爵士的肯定和指引，开题之后不久就获得英国的海外研究学者奖学金（ORS award），经过数年的挣扎后，我的最终答辩获得最好的结果（无需修改地通过）。英国朋友曾对我说："回头看看你读书的经历，你要多肯定自己！"而我当时内心却还是充满怀疑。回国工作后，问吴老师能不能在他指导下读知识产权的博士后研究，老师一眼看出我对自己的深深怀疑，他说："可是你不需要证明自己了，你已经很优秀。"我把这话深深印进脑海，却在面对世界时仍时常感觉战战兢兢。

写作本书的过程较为艰难，甚至无数次想要放弃。知识产权不仅涉及最前沿的科技、充满想象的智慧产品、难以预测的法律未来，还与外交、政治、文化、贸易、经济等领域紧密相关，如果没有海量的常识、持续跟进前沿课题的勤奋、从宏观层面发掘事物发展规律的直觉以及对新生事物天马行空的想象，很难写好法哲学层面的知识产权论题。我在写作到第二年的时候，已经试图放弃，试图用各种借口让自己逃避困难的工作。

本书写作过程中，老师给了我最大的自由、最多的支持和最深的理解。即使知道我写作进度已经慢于一般研究者，老师也以极大的耐心等待，并不催促；

一旦我有一点成果和想法，老师都积极倾听，每次去见老师，老师都送我一堆书，指导我修改作品，鼓励我发表论文；当感受到我遇到瓶颈几年都写不下去论文时，老师说："没关系，也有很多研究课题做不下去的时候。"听了这句话后我才开始一点一点将准备放弃的写作捡起来，因为我不再背负"一定要优秀""一定要最优秀"的重担，反而能够坦然接受自己能够完成到哪一步就到哪一步的事实。

有些作者的文章是在书写自己，我也是。让我获得独立研究者身份的博士论文是关于协商对话的立法，那篇论文在文字层面要解释的是一种动态立法结构的优势，在心理层面让我面对的是自己的沟通难题——很多时候不知道如何与人沟通，有段时间以"社交恐惧""电话恐惧症"等作为自己不曾也不愿学习敞开心扉与人对话的事实。无论过去是怎样的经历阻碍了自己的沟通愿望，那已经成为过去，重要的是现在和未来。我很高兴在未有更多察觉的情况下偶然选择了知识产权作为研究方向，它让我开始书写另一种人生的可能性：我将眼睛看向未来世界，看向无限丰富的可能。

每一篇作品都是作者用她的心灵和头脑创作出的"亲爱的小孩"。本书的写作过程是见证了我的心灵从过去的种种困难经历中奋力挣扎出来的过程，见证了我个人的成长。博士论文的写作期间，母亲离世，当时的我独自面对人生空旷荒野，在母亲的遗愿支撑下艰难完成论文。那篇文章的最后致谢部分，我感谢父母的爱，感谢他们教我坚强、独立和保持心灵的开放。本书写作期间，我的女儿出生，我的人间从此繁花似锦。在此，我感谢女儿教我重新认识我自己，接纳我自己，感谢她让我学习"永不止息"的爱。